# Mastering Dutch Words:

*Increase Your Vocabulary with Over 3,000 Dutch Words in Context*

© Copyright 2020

All Rights Reserved. No part of this book may be reproduced in any form without permission in writing from the author. Reviewers may quote brief passages in reviews.

Disclaimer: No part of this publication may be reproduced or transmitted in any form or by any means, mechanical or electronic, including photocopying or recording, or by any information storage and retrieval system, or transmitted by e-mail without permission in writing from the publisher.

While all attempts have been made to verify the information provided in this publication, neither the author nor the publisher assumes any responsibility for errors, omissions or contrary interpretations of the subject matter herein.

This book is for entertainment purposes only. The views expressed are those of the author alone, and should not be taken as expert instruction or commands. The reader is responsible for his or her own actions.

Adherence to all applicable laws and regulations, including international, federal, state and local laws governing professional licensing, business practices, advertising and all other aspects of doing business in the US, Canada, UK or any other jurisdiction is the sole responsibility of the purchaser or reader.

Neither the author nor the publisher assumes any responsibility or liability whatsoever on the behalf of the purchaser or reader of these materials. Any perceived slight of any individual or organization is purely unintentional.

# Contents

INTRODUCTION ................................................................. 1
CHAPTER 1 ......................................................................... 7
CHAPTER 2 ....................................................................... 37
CHAPTER 3 ....................................................................... 66
CHAPTER 4 ....................................................................... 95
CHAPTER 5 ..................................................................... 124
CHAPTER 6 ..................................................................... 153
CHAPTER 7 ..................................................................... 182
CHAPTER 8 ..................................................................... 211
CHAPTER 9 ..................................................................... 240
CHAPTER 10 ................................................................... 269
CHAPTER 11 ................................................................... 298
CHAPTER 12 ................................................................... 327
CONCLUSION ................................................................. 357

# Introduction

Learning a new language is no walk in the park. However, there are many ways to make it a lot easier. A vital part—that can help anyone to improve their knowledge about a language, even though they know nothing about it—is vocabulary. Not only will this make it more straightforward for you to start communicating, but it can also be the gateway for making yourself clear to people in a different country.

That is why increasing your vocabulary is a significant first step. With over 3,000 Dutch words in this book, you can be sure that this will be a fantastic start to mastering Dutch. What makes it even better is that this guide explains the words to you in context. For every one, you will get a small example in the form of a sentence. This will help you to understand what the word means and how it should be used.

When putting this list together, it was important to use essential Dutch words. By choosing over 3,000 of them, which are frequently used via all kinds of media, you can be sure that all these words are useful. They will be a real addition to your Dutch vocabulary because, in the end, there is no real point in learning words that are barely being used.

As you will notice throughout the book, some words are the same in Dutch and English, and sometimes multiple words can be used for the same word in English. The funny thing is that this is the same the other way around. However, quite often, there is a difference in the context or way it has to be used. So pay close attention!

**About the Dutch language**

Over 23 million people in the world consider Dutch their mother tongue. They live in a number of countries, which shows how the language reaches far beyond the Netherlands and parts of Belgium. It is an official language in five countries, and besides the 23 million native speakers, there are around 4 million people who speak Dutch as a second language.

Because Dutch is a Germanic language, it has plenty of similarities with other languages. Good examples are German—the one it is most similar to—and, very importantly, English! As mentioned, some words are the same, while others only have slight differences. This is in contrast to other languages—like the Latin ones—which gives both Dutch and the English speakers learning the language a big advantage, as overall, it's a simpler learning process. Thus, Dutch is considered one of the easiest foreign languages to learn. On top of that, it can be a great step towards learning German. The German language is a bit harder to learn but also very similar.

Dutch is spoken in the Netherlands and parts of Belgium. In Surinam, the greater Netherlands, Antilles, and Aruba, it is also an official language. Besides these places, Dutch is still being spoken in parts of Indonesia. The language Afrikaans, mostly spoken in South Africa, is an offshoot of the Dutch language. This is why lots of Dutch people will understand large parts of it.

In plenty of other countries, Dutch is not an official language, but many people still speak it. Examples are Germany, the United States, Canada, France, Spain, Australia, and New Zealand. Most of this has to do with the colonial history of the Dutch and the big communities of Dutch people living in countries worldwide. Besides all the places where Dutch is being spoken, there are plenty of accents within the language. A person from Friesland, for example, a province in the northern part of the Netherlands, will sound completely different than a Dutch speaker from Belgium. However, this guide won't go into any of the dialects. This way you can be sure people will understand you in any of these places, even though they might talk in a different accent among other people from the same area.

As you have probably noticed, the Dutch language has a broad reach all over the world. This, combined with the opportunities it opens up for learning other languages, makes learning it even more appealing. If you are planning to visit places in the Netherlands or any other destinations where Dutch is spoken, you have an even better reason to give it a try! Luckily you have found the perfect book to get you started. While increasing your vocabulary, you will also learn plenty of things about the countries and culture surrounding the language. How? Find out right now!

**About this book and what it will teach you**

Everyone who has ever learned a new language or tried to do so will probably agree with the next part. Things like grammar, verbs, and nouns are not the most important part—they will bore people within a short amount of time. Sadly, the result is usually that people not only get bored but also do not understand and soon lose the inspiration to continue. Since this is not at all necessary, this guide will do things a little differently.

Firstly, by focusing on vocabulary, everyone will start to understand things quickly. Secondly, no one will be bored and have the feeling that they are wasting their time. In fact, learning any new language will soon become more fun. This will stimulate students to keep going and further expand their vocabulary. As this book will focus on frequently used words, everyone can be sure that what they learn is extremely useful. However, there is more...

The following benefits are also a large part of why vocabulary is the key to learning a new language:

• With a larger vocabulary, learning new words becomes easier;

• After mastering the vocabulary, focusing on other aspects of the language gets simpler;

• It helps to be creative and use words in many ways;

• Learning vocabulary is the fastest way to express yourself;

• Increases the motivation to continue learning a language.

All these elements make it quite easy to understand why an extended vocabulary will help anyone in any language. Not to mention that in this particular guide, you will learn the most frequently used Dutch words in context—a total of more than 3,000 of them. But why stop at 3,000? There are many more. You will be given the tools to get started on building that vast vocabulary.

### A few recommendations for how to use this book

Almost there! You are about to start your journey towards mastering the Dutch language. But first, here are a few tips. By following these, the ins and outs of Dutch will become even more straightforward to absorb. So feel free to use them at any given time:

1. Find a partner to learn and study with. This makes it easier and a lot more fun to practice. Even better, you can help each other work on some flaws and go to a higher level.

2. Try to be creative with all the content you will find in this book. With all the stuff there is to learn, you can shake things up a little. Once you feel comfortable, start using the words and sentences in your own way.

3. In case you find any names, cities, or places that you have never previously heard of, look them up, and read about them! This will not only help you to understand the language, but it will also increase your knowledge about the culture, history, and location of these spots. A win-win-win-win, so to speak.

4. When you come to the point where you start to see some patterns and recognize words that you see often, take advantage. Try to memorize them right away by writing them down. Also, try to process them in your own writing. Once you start to really get it, try writing short stories or a poem, for instance.

5. Use this book in whichever way is most convenient for you. It does not matter if you like to repeat parts many times, or completely change the order in which you go through it. As long as you choose or find a method that you are comfortable with, you will get the most out of it.

Now that you know all this, the time has finally come to *Increase Your Vocabulary with Over 3,000 Dutch Words in Context.* Good luck and enjoy yourself as much as possible. As the Dutch like to say:

**Veel Succes (Good luck)!**

# Chapter 1

Before you get started, remember that this list of over 3,000 Dutch words has been arranged according to the frequency of use for these words. They are mostly used in books, in the media—like on television—and in movies. In case you want to *spice things up*, do not hesitate to rearrange the order in any way you like.

First, you will see each **word** in **Dutch**, followed by the **translation of that word** in **English**. Then, you will see **two examples** in short sentences. Once again, first in **Dutch**, followed by the same sentence in **English**. Sounds simple, right? That's because it is!

**1. Ik - I**

**Ik** werd in Nederland geboren.

**I** was born in the Netherlands.

**2. Je - You**

Hoe gaat het met **je**?

How are **you** doing?

### 3. Het – It
Maak **het** de beste dag ooit.
Make **it** the best day ever.

### 4. De – The
**De** beste pannenkoeken eet je hier.
**The** best pancakes you will eat here.

### 5. Dat – That
Zorg **dat** de cijfers kloppen!
Make sure **that** the numbers are correct!

### 6. Is – Is
Wat **is** je favoriete kleur?
What **is** your favorite color?

### 7. Niet – Not
Het leven is **niet** makkelijk.
Life is **not** easy.

### 8. Een – A
Wat **een** prachtige jurk.
What **a** beautiful dress

### 9. En – And
Ik wil gaan winkelen **en** eten.
I want to go shopping **and** have dinner.

### 10. Wat – What
**Wat** is je favoriete vakantiebestemming?
**What** is your favorite holiday destination?

### 11. Van – From
Die kinderen komen **van** een goed gezin.
Those kids are **from** a good family.

## 12. We - We

We zijn de beste studenten van onze klas.

We are the best students in our class.

## 13. Ze - She

Het is geen geheim dat ze van winkelen houdt.

It's no secret that she loves shopping.

## 14. Hij - He

Omdat hij de slimste van allemaal is.

Because he is the smartest of all.

## 15. In - In

Ik woon in Den Haag.

I live in The Hague.

## 16. Maar - But

Ik snap de beslissing, maar waarom nam je deze niet eerder?

I understand the decision, but why didn't you take it sooner?

## 17. Er - There

Er is een mooi park vlakbij.

There is a beautiful park nearby.

## 18. Op - On

Ik rijd op de snelweg.

I'm driving on the highway.

## 19. Zijn - To be

Het is leuk om hier te zijn.

It's nice to be here.

## 20. Te – Too
Er is **te** veel tijd.

There is **too** much time.

## 21. Mij – Me
Zij slaapt bij **mij**.

She sleeps with **me**.

## 22. Heb – Have
Ik **heb** een mooie keuken.

I **have** a nice kitchen.

## 23. Met – With
We zijn **met** de hele klas.

We are **with** the entire class.

## 24. Voor – For
**Voor** de eerste keer, was ik buiten.

**For** the first time, I was outside.

## 25. Als – As
Ik kan **als** jonge man veel doen.

I can do a lot **as** a young man.

## 26. Ben – Am
Daarom **ben** ik een geweldige kok

That's why I **am** a great cook.

## 27. Was – Was
Het **was** het een leuk feest gisteren.

It **was** a fun party yesterday.

## 28. Dit – This
Waarom is **dit** zo'n duur schilderij?

Why is **this** such an expensive painting?

### 29. Hier – Here
Het is **hier** koud.
It's cold **here**.

### 30. Jij – You
Wat **jij** het liefste wil, gaan we doen.
Whatever **you** like best, we will do.

### 31. Naar – To
We gaan **naar** Frankrijk om te werken.
We're going **to** France to work.

### 32. Om – To
Het is tijd **om** volwassen te worden.
It's time **to** become an adult.

### 33. Mijn – My
Jij bent **mijn** oudste kind.
You are **my** oldest child.

### 34. Weet – Know
Ik **weet** alles over mode.
I **know** everything about fashion.

### 35. Dan – Then
Eerst, gaan we naar het museum, **dan** naar de bioscoop.
First, we will go to the museum, **then** to the movies.

### 36. Kan – Can
Iedereen **kan** zich gratis registreren.
Everyone **can** register for free.

### 37. Nog – Yet
Het pakketje is er **nog** steeds niet.
The package has not **yet** arrived.

### 38. Wil – Want

Ik **wil** een wetenschapper worden.

I **want** to become a scientist.

### 39. Geen – No

**Geen** schijn van kans dat ik dat ga doen.

**No** chance at all I will do that.

### 40. Moet – Must

Hij **moet** een nieuw paspoort aanvragen.

He **must** apply for a new passport.

### 41. Zo – So

In Florida, is het weer **zo** lekker.

In Florida, the weather is **so** nice.

### 42. Aan – On

Zet de televisie **aan**.

Turn the television **on**.

### 43. Hem – Him

Iedereen is gek op **hem**.

Everybody loves **him**.

### 44. Heeft – Has

Hij **heeft** een goede kans om geselecteerd te worden.

He **has** a good chance of being selected.

### 45. Goed – Good

De toekomst ziet er **goed** uit.

The future's looking **good**.

### 46. Hebben – To have

Zij heeft geluk hem in haar leven te **hebben**.

She is lucky **to have** him in her life.

### 47. Ja – Yes
Hij zei **ja** tegen de aanbieding.

He said **yes** to the offer.

### 48. Hoe – How
**Hoe** ben je hier gekomen?

**How** did you get here?

### 49. Waar – Where
Weet iemand **waar** pizza vandaan komt?

Does anyone know **where** pizza originated from?

### 50. Nu – Now
Het is **nu** of nooit!

It's **now** or never!

### 51. Nee – No
Iedereen zei gelijk **nee**.

Everyone said **no** right away.

### 52. Haar – Her
Uiteindelijk is het **haar** eigen keuze.

In the end it's **her** own choice.

### 53. Ga – Go
**Ga** alsjeblieft alvast naar huis.

Please **go** home already.

### 54. Bent – Are
Jij **bent** de beste speler.

You **are** the best player.

### 55. Uit – From
Ik kom **uit** New York.

I'm **from** New York

## 56. Ook – Also
Mijn collegas komen **ook**.
My colleagues are **also** coming.

## 57. Over – About
Hij vertelde **over** zijn broer.
He was talking **about** his brother.

## 58. Doen – To do
Om dit werk te **doen**, moet je sterk zijn.
To be able **to do** this work, you have to be strong.

## 59. Gaan – Going
We **gaan** volgende week een stedentrip maken.
We're **going** to make a city trip next week.

## 60. Kom – Come
Ik **kom** altijd op tijd.
I always **come** on time.

## 61. Mij – Me
Geef **mij** een flesje water.
Give **me** a bottle of water.

## 62. Daar – There
**Daar** zul je de beste sushi eten.
**There** you will eat the best sushi.

## 63. Zou – Would
**Zou** het weer morgen beter zijn dan vandaag?
**Would** the weather be better tomorrow than today?

## 64. Bij – At
Zij ging **bij** hem thuis eten.
She went to eat **at** his place.

### 65. Al – Already

Het was **al** gedaan.

It was **already** done.

### 66. Of – Or

Kies je voor de trein **of** de bus?

Do you choose the train **or** the bus?

### 67. Jullie – Your

Het is **jullie** verantwoordelijkheid om het te regelen.

It's **your** responsibility to take care of it.

### 68. Ons – Us

Kom bij **ons** eten vanavond.

Come eat with **us** tonight.

### 69. Gaat – Going

Ze spelen zo goed; het **gaat** bijna vanzelf.

They are playing so well; it's almost **going** automatically.

### 70. Iets – Something

Deze winkel heeft **iets** voor iedereen.

This store has **something** for everyone.

### 71. Hebt – Have

Jij **hebt** mooie ogen.

You **have** beautiful eyes.

### 72. Zal – Shall

Ik **zal** mijn cijfers verbeteren.

I **shall** improve my scores.

### 73. Waarom – Why

**Waarom** zijn groenten goed voor je?

**Why** are vegetables good for you?

### 74. Had – Had
Jij **had** een mooie droom.
You **had** a beautiful dream.

### 75. 'n – a
Wat **'n** fantastische bruiloft.
What **a** beautiful wedding.

### 76. Meer – More
Door te leren, zul je veel **meer** te weten komen.
By learning, you will get to know a lot **more**.

### 77. Laat – Leave
**Laat** je handschoenen maar thuis; het is niet koud buiten.
**Leave** your gloves at home; it's not cold outside.

### 78. Doe – Do
Waar **doe** je het liefste hardlopen?
Where **do** you love to go running?

### 79. Wie – Who
**Wie** is de vriend van zijn zus?
**Who** is the boyfriend of his sister?

### 80. Moeten – Should
Zij **moeten** een inenting krijgen.
They **should** get a vaccination.

### 81. Deze – This
**Deze** beslissing maakte alles anders.
**This** decision made everything different.

### 82. Alles – Everything
Hij geeft **alles** aan zijn nabestaanden.
He **gives** everything to his relatives.

### 83. Kunnen – Can
Daar **kunnen** andere mensen nog wat van leren.

Other people **can** learn something from that.

### 84. Jou – You
Dat ligt aan **jou**.

That depends on **you**.

### 85. Toch – However
**Toch** is het beter om vegetarisch te eten.

**However**, it's better to eat vegetarian.

### 86. Echt – Real
Is dit van **echt** goud gemaakt?

Is this made of **real** gold?

### 87. Denk – Think
Ik **denk** elke seconde aan haar.

I **think** about her every second.

### 88. Zien – See
We **zien** wel wat er gebeurt.

We will **see** what happens.

### 89. Weg – Away
Zij ging **weg** met een kennis.

She went **away** with an acquaintance.

### 90. Alleen – Only
Dat kan **alleen** werken als je het echt wilt.

That can **only** work if you really want it.

### 91. Nooit – Never
Dat doelpunt gaat **nooit** tellen.

That goal will **never** count.

### 92. Door – Through

Voor reizen **door** de Verenigde Staten, is een elektronisch visum vereist.

For traveling **through** the United States, an electronic visa is required.

### 93. Mee – With

Ik zal met mijn vrienden **mee** reizen.

I will travel along **with** my friends.

### 94. Dus – So

**Dus** was het logisch niets te kopen.

**So** it made sense not to buy anything.

### 95. Man – Man

Hoe ziet de ideale **man** eruit?

What does the perfect **man** look like?

### 96. Eens – Once

Er was **eens** een...

**Once** upon a time...

### 97. Terug – Back

De weg **terug** duurde verschrikkelijk lang.

The way **back** took an awfully long time.

### 98. Komt aan – Arrives

Hij **komt** vandaag op het vliegveld **aan**.

He **arrives** at the airport today.

### 99. Misschien – Maybe

Er komt **misschien** snel een einde aan de samenwerking.

There will **maybe** soon come an end to the collaboration.

**100. Laten – Let**

We kozen ervoor hem zichzelf te **laten** zijn.

We chose to **let** him be himself.

**101. Niets – Nothing**

In de laatste minute, is het vaak alles of **niets**.

In the last minutes, it's often all or **nothing**.

**102. Zei – Said**

Niemand **zei** wat de bedoeling was.

Nobody **said** what was supposed to happen.

**103. Iemand – Somebody**

Iedereen zal **iemand** meenemen naar het bal.

Everyone will take **someone** to the dance.

**104. Hou – Hold**

**Hou** je stevig vast in deze achtbaan.

**Hold** on tight in this roller coaster.

**105. Oké – Alright**

Het is hier **oké** om jezelf te zijn.

It's **alright** to be yourself here.

**106. Veel – A lot**

Hij verdient **veel** geld als piloot.

He earns **a lot** of money as a pilot.

**107. Komen – Come**

Ze mogen allemaal op mijn verjaardag **komen**.

They may all **come** to my birthday.

**108. Weer – Again**

Ondanks alle problemen, doet hij het **weer**.

Despite all the problems, he does it **again**.

### 109. Tot – Until
Ik ben **tot** woensdag weg.

I'm gone **until** Wednesday.

### 110. Zeg – Say
Ik **zeg** dat het niet waar is.

I **say** that it's not true.

### 111. Mensen – People
Er waren 70.000 **mensen** op het festival.

There were 70,000 **people** at the festival.

### 112. Toen – Then
Het was daar en **toen** waar hij haar vroeg hem te trouwen.

It was there and **then** when he asked her to marry him.

### 113. Zeggen – Saying
Alle advocaten **zeggen** hetzelfde.

All lawyers are **saying** the same.

### 114. Worden – Become
De jongens willen graag brandweermannen **worden**.

The boys would like to **become** firemen.

### 115. Onze – Our
**Onze** voorwaarden zijn duidelijk.

**Our** conditions are clear.

### 116. Zit – Sit
Ik **zit** graag in deze stoel.

I like to **sit** in this chair.

### 117. Z'n – His
Het is **z'n** eigen beslissing te verhuizen.

It's **his** own decision to move.

### 118. Mag – May

Je **mag** de bruid kussen.

You **may** kiss the bride.

### 119. Kijk – Look

Ik **kijk** graag naar de vogels in het bos.

I like to **look** at the birds in the forest.

### 120. Leven – Live

Hij heeft nog maar een paar jaar te **leven**.

He only has a few years to **live**.

### 121. Heel – Very

De verkiezingsuitslag was **heel** verdeeld.

The election results were **very** divided.

### 122. Nodig – Necessary

Helaas is het nemen van het medicijn voor hem dagelijks **nodig**.

Unfortunately, taking the medicine every day is **necessary** for him.

### 123. Tegen – Against

Iedereen is **tegen** de sluiting van het asiel.

Everyone is **against** the closing of the shelter.

### 124. Wordt – Will be

Met de invoering van de nieuwe wet, **wordt** alles anders.

With the introduction of the new law, everything **will be** different.

### 125. Gewoon – Ordinary

Dat is een heel **gewoon** gezin.

That is a very **ordinary** family.

### 126. Twee – Two
Wat is de wortel van **twee**?
What is the root of **two**?

### 127. Net – Quite
De nieuwe gordijnen passen **net** niet in de rails.
The new curtains don't **quite** fit in the rails.

### 128. Dood – Dead
Op sommige plekken, is **dood** zijn beter dan leven.
In some places, being **dead** is better than being alive.

### 129. Altijd – Always
Hij kan **altijd** nog gaan studeren.
He can **always** still go to college.

### 130. Weten – To know
Voor het proefwerk, moet je de sommen **weten**.
For the test, you need **to know** the sums.

### 131. Wij – We
Zeg dat **wij** naar Groningen gaan.
Say that **we** will go to Groningen.

### 132. Maken – To make
Een goed moment om koffie te **maken**.
A good moment **to make** coffee.

### 133. Tijd – Time
De **tijd** is Los Angeles verschilt 9 uur met Amsterdam.
The **time** in Los Angeles differs 9 hours from Amsterdam.

### 134. Gedaan – Done
Goed **gedaan**.
Well **done**.

### 135. Af – Off
In een voetgangersgebied, stap ik **af** van de fiets.

In a pedestrian area, I get **off** the bicycle.

### 136. Omdat – Because
Mijn voeten doen pijn **omdat** mijn schoenen te klein zijn.

My feet hurt **because** my shoes are too small.

### 137. Geef – Give
Ik **geef** veel geld aan goede doelen.

I **give** lots of money to charity.

### 138. Zeker – Sure
**Zeker** weten!

For **sure**!

### 139. Zie – See
Ik **zie** veel beter met die bril.

I **see** much better with those glasses.

### 140. Dag – Day
Morgen is een nieuwe **dag** vol kansen.

Tomorrow is a new **day** full of opportunities.

### 141. Doet – Doing
Hij **doet** het goed in de nieuwe band.

He is **doing** well in the new band.

### 142. Wacht – Wait
Ik **wacht** op het juiste moment.

I **wait** for the right moment.

### 143. Niks – Nothing
**Niks** is wat het lijkt.

**Nothing** is what it seems.

### 144. Kunt – Can
Je **kunt** stemmen op de nieuwe voorzitter.
You **can** vote for the new chairman.

### 145. Vrouw – Woman
Deze **vrouw** is speciaal.
This **woman** is special.

### 146. Huis – House
Na het hoogste bod, was het **huis** verkocht.
After the highest bid, the **house** was sold.

### 147. Allemaal – All
Ze kregen **allemaal** een diploma.
They **all** got a diploma.

### 148. Vader – Father
Ik ben **vader** van drie kinderen.
I'm a **father** of three kids.

### 149. Geld – Money
De aandelen zijn veel **geld** waard.
The shares are worth a lot of **money**.

### 150. Dacht – Thought
Hij **dacht** steeds terug aan zijn date.
He constantly **thought** about his date.

### 151. Anders – Differently
Zij gedraagt zich nu **anders**.
She behaves **differently** now.

### 152. Wilt – Want
Waar en wanneer je maar **wilt**.
Where and whenever you **want**.

### 153. Dank – Thanks
Ik spreek mijn **dank** richting iedereen uit.

I express my **thanks** to everyone.

### 154. Jaar – Year
2020 wordt het **jaar** van mijn leven.

2020 will be the **year** of my life.

### 155. Hun – Their
Orgaandonor worden is **hun** eigen keuze.

Becoming an organ donor is **their** own choice.

### 156. Zij – She
**Zij** praat altijd over makeup.

**She** always talks about makeup.

### 157. Willen – Want
We **willen** allemaal op televisie komen.

We all **want** to be on television.

### 158. Erg – Very
Zij wil **erg** graag model worden.

She would **very** much like to become a model.

### 159. Zitten – Sitting
Ze **zitten** op een bankje in het Vondelpark.

They are **sitting** on a bench in the Vondelpark.

### 160. Keer – Time
Deze **keer** was het anders.

This **time** it was different.

### 161. Jouw – Your
De foto staat op **jouw** telefoon.

The picture is on **your** phone.

### 162. Zoals – Such as
Het bedrijf ontwerpt dingen, **zoals** websites.

The company designs things, **such as** websites.

### 163. Wilde – Wanted
Zij **wilde** niets liever dan vluchten.

She **wanted** nothing more than to run away.

### 164. Niemand – Nobody
**Niemand** kocht de auto.

**Nobody** bought the car.

### 165. Iedereen – Everyone
Hier kan **iedereen** Nederlands leren.

Here **everyone** can learn Dutch.

### 166. Gezien – Seen
Zij hadden nog nooit zo'n goede danser **gezien**.

They had never **seen** such a good dancer.

### 167. Vind – Find
Ik **vind** de misdaadcijfers zorgelijk.

I **find** the crime rates worrisome.

### 168. Beter – Better
Na veel oefening, wordt het **beter**.

After lots of practice, it will get **better**.

### 169. Werk – Work
Het ergste is dat het **werk** morgen doorgaat.

The worst thing is that the **work** will continue tomorrow.

### 170. Binnen – Inside

Hij zag, eenmaal **binnen**, veel bekende gezichten in de discotheek.

Once **inside** the club, he saw lots of familiar faces.

### 171. Bedankt – Thanks

**Bedankt** voor de mooie bloemen.

**Thanks** for the lovely flowers.

### 172. Spijt – Regret

Enige **spijt** over mijn keuzes heb ik nooit gehad.

I never had any **regret** about my choices.

### 173. Vast – Fixed

De rente voor de hypotheek staat **vast**.

The interest rate for the mortgage is **fixed**.

### 174. Neem – Take

Ik **neem** mijn succes niet voor lief.

I don't **take** my success for granted.

### 175. Andere – Other

Staan er nog **andere** opties op het menu?

Are there any **other** options on the menu?

### 176. Staat – Stands

Hij **staat** voor de spiegel.

He **stands** in front of the mirror.

### 177. Moeder – Mother

Niemand kan koken als mijn **moeder**.

No one cooks like my **mother**.

### 178. Zullen – Will
Zij **zullen** de volgende wedstrijd beter spelen.

They **will** play better the next game.

### 179. Waren – Were
Wij **waren** de eersten aan boord.

We **were** the first ones on board.

### 180. Maak – Make
Ik **maak** er wat moois van.

I will **make** something nice out of it.

### 181. Praten – To talk
Het is tijd om over die promotie te **praten**.

It's time **to talk** about that promotion.

### 182. Eén – One
Er kan maar **één** winnaar zijn.

There can only be **one** winner.

### 183. Kon – Could
Ik **kon** het niet langer inhouden.

I **could** not hold it any longer.

### 184. Mooi – Beautiful
Hij heeft **mooi** hair.

He has **beautiful** hair.

### 185. Hele – Whole
Dit evenement duurt de **hele** dag.

This event lasts the **whole** day.

### 186. Genoeg – Enough
Ik heb **genoeg** patat gegeten.

I ate **enough** fries.

### 187. Vinden – Find
Met pasen proberen we eieren te **vinden**.
With Easter we try to **find** eggs.

### 188. Lang – Long
Een marathon duurt erg **lang**.
A marathon takes a really **long time**.

### 189. Leuk – Fun
Naar de speeltuin gaan is **leuk**.
Going to the playground is **fun**.

### 190. Wist – Knew
Zij **wist** niets van zijn verleden.
She **knew** nothing about his past.

### 191. Na – After
**Na** het hoofdgerecht komt het toetje.
**After** the main course comes dessert.

### 192. Graag – Gladly
Ik kom de meubels **graag** brengen.
I will **gladly** drop off the furniture.

### 193. Toe – To
Ik kom direct naar je **toe**.
I will come **to** you right now.

### 194. Helpen – To help
Ik kom graag als vrijwilliger **helpen**.
I would like **to help** as a volunteer.

### 195. Zegt – Says
Hij **zegt** steeds wat anders.
He **says** something different all the time.

### 196. Elkaar – Each other
Zij zijn aan **elkaar** verbonden.
They are connected to **each other**.

### 197. Ziet – Sees
Oma **ziet** niets zonder bril.
Grandma **sees** nothing without glasses.

### 198. Blijf – Stay
**Blijf** je vannacht bij mij?
Will you **stay** with me tonight?

### 199. Natuurlijk – Of course
**Natuurlijk** ga ik slagen voor het examen.
**Of course** I will pass the exam.

### 200. God – God
Iedereen hier gelooft in **God**.
Everyone here believes in **God**.

### 201. Klaar – Ready
Ben je **klaar** om te vertrekken?
Are you **ready** to leave?

### 202. Bedoel – Mean
Wat **bedoel** je met die vraag?
What do you **mean** with that question?

### 203. Hallo – Hello
**Hallo**, allemaal!
**Hello**, everybody!

### 204. Sorry – Sorry
**Sorry** voor de geluidsoverlast.
**Sorry** about the noise.

### 205. Helemaal – Totally

Ik word **helemaal** gek.

I'm going **totally** crazy.

### 206. Maakt – Makes

Hij **maakt** al zijn fouten goed.

He **makes** up for all his mistakes.

### 207. Gek – Crazy

De leraar is **gek**.

The teacher is **crazy**.

### 208. Alle – All

Ik kijk **alle** soorten films graag.

I like seeing **all** kinds of movies.

### 209. Luister – Listen

Welke muziek **luister** jij naar?

To which music do you **listen**?

### 210. Drie – Three

Ik heb **drie** echte vrienden.

I have **three** real friends.

### 211. Geweest – Been

Daar zijn we vorig jaar **geweest**.

We have **been** there last year.

### 212. Meneer – Mister

Een compliment aan **Meneer** Jones.

A compliment to **Mister** Jones.

### 213. Werd – Became

Na het incident, **werd** hij steeds verdrietiger.

After the incident, he **became** more and more sad.

### 214. Blijven – Staying

Alleen **blijven** is nooit leuk.

**Staying** alone is never fun.

### 215. Zonder – Without

Alles is saai **zonder** jou.

Everything is boring **without** you.

### 216. Hoor – Hear

Met een gehoorapparaat, **hoor** je beter.

With a hearing aid, you **hear** better.

### 217. Dingen – Things

Ze heeft een andere kijk op **dingen**.

She has a different view of **things**.

### 218. Ging – Went

Zij **ging** via de andere route.

She **went** via the other route.

### 219. Houden – Keeping

Ze gaan de tent **houden**.

They're **keeping** the tent.

### 220. Alsjeblieft – Please

Was **alsjeblieft** je handen.

**Please** wash your hands.

### 221. Krijgen – Getting

Alle deelnemers **krijgen** bloemen.

All participants are **getting** flowers.

### 222. Kijken – Watching

Op zondag Netflix **kijken** is heerlijk.

**Watching** Netflix on a Sunday is lovely.

**223. Vriend – Friend**

James is mijn beste **vriend**.

James is my best **friend**.

**224. Grote – Great**

Hij hoort tussen de **grote** spelers.

He belongs to the **great** players.

**225. Idee – Idea**

Wat een creatief **idee**.

What a creative **idea**.

**226. Kwam – Came**

Ik **kwam**, zag, en overwon.

I **came**, saw, and conquered.

**227. Bang – Afraid**

Ik ben **bang** voor de heksen met Halloween.

I'm **afraid** of the witches during Halloween.

**228. Steeds – Always**

Hij stelt **steeds** teleur.

He **always** disappoints.

**229. Geven – Giving**

Dit is het seizoen van **geven**.

This is the season of **giving**.

**230. Kinderen – Kids**

Het stel wil nu **kinderen**.

The couple wants **kids** now.

**231. Achter – Behind**

Hij loopt altijd een paar stappen **achter**.

He is always a few steps **behind**.

### 232. Eerste – First
Dit was de **eerste** test.
This was the **first** test.

### 233. Naam – Name
Wat een mooie **naam**!
What a beautiful **name**!

### 234. Zo'n – Such
Het is **zo'n** mooie dag.
It's **such** a beautiful day.

### 235. Vertellen – Telling
Zij is gek op mooie verhalen **vertellen**.
She loves **telling** beautiful stories.

### 236. Snel – Quickly
Ik maak het geld **snel** over.
I will transfer the money **quickly**.

### 237. Onder – Under
We varen **onder** de brug.
We're sailing **under** the bridge.

### 238. Zag – Saw
Ik **zag** het verschil.
I **saw** the difference.

### 239. Wanneer – When
**Wanneer** begint de zomer?
**When** will the summer start?

### 240. Auto – Car
Een Porsche is een luxe **auto**.
A Porsche is a fancy **car**.

### 241. Ie – He
Waar gaat **ie** heen?
Where is **he** going?

### 242. Beetje – Bit
De patiënten worden al een **beetje** beter.
The patients are getting a **bit** better already.

### 243. Eten – Food
In Italië, is het **eten** heerlijk.
In Italy, the **food** is delicious.

### 244. Vragen – Questions
Stel je **vragen** op de website.
Ask your **questions** on the website.

### 245. Gebeurd – Happened
Er is veel **gebeurd** tussen ons.
A lot has **happened** between us.

### 246. Zelf – Yourself
Doe je het liever **zelf**?
Would you prefer to do it **yourself**?

### 247. Vraag – Question
Een **vraag** stellen is gratis.
Asking a **question** is free.

### 248. Jongen – Boy
Hij is een vrolijke **jongen**.
He is a happy **boy**.

### 249. Paar – Couple
Ik heb een **paar** boeken gekocht.
I bought a **couple** of books.

**250. Ken – Know**

Hoe **ken** je mijn broer?

How do you **know** my brother?

# Chapter 2

**251. Deed – Did**

Tijdens de ceremonie, **deed** hij vreemde dingen.

During the ceremony, he **did** strange things.

**252. Kun – Can**

**Kun** je dat herhalen?

**Can** you repeat that?

**253. Lijkt – Looks**

Zij **lijkt** precies op haar vader.

She **looks** exactly like her dad.

**254. Verdomme – Dammit**

**Verdomme**, ik heb het je nog gezegd!

**Dammit**, I told you so!

**255. Morgen – Tomorrow**

Het wordt **morgen** regenachtig.

It will be rainy **tomorrow**.

### 256. Staan – Stand

Ik moest in de rij **staan** om binnen te komen.

I had to **stand** in line to get in.

### 257. Zorgen – Worries

Ik maak me veel **zorgen** om mijn baan.

I have lots of **worries** about my job.

### 258. Wil – Want

Wat **wil** je van me?

What do you **want** from me?

### 259. Nieuwe – New

Hun **nieuwe** album wordt volgende week uitgebracht.

Their **new** album will be released next week.

### 260. Gezegd – Said

Er is genoeg **gezegd**.

Enough has been **said**.

### 261. Thuis – Home

Sara werkt **thuis**.

Sara works from **home**.

### 262. Laatste – Last

De **laatste** ronde.

The **last** call.

### 263. Heen – Going

Waar gaan jullie **heen**?

Where are you **going**?

### 264. Geloof – Believe

Ik **geloof** in complottheorieën.

I **believe** in conspiracy theories.

### 265. Geweldig – Amazing
Het was een **geweldig** jaar.
It was an **amazing** year.

### 266. Wereld – World
Wat een prachtige **wereld**.
What a wonderful **world**.

### 267. Nemen – Take
Het was tijd om het verlies te **nemen**.
It was time to **take** the loss.

### 268. Hadden – Had
We **hadden** veel gemeen.
We **had** a lot in common.

### 269. Zelfs – Even
Ik kan het **zelfs** zonder te kijken.
I can **even** do it without looking.

### 270. Jongens – Boys
De **jongens** spelen voetbal.
The **boys** are playing soccer.

### 271. Meisje – Girl
Ben je verliefd op dat **meisje**?
Are you in love with that **girl**?

### 272. Mannen – Men
Veel **mannen** hebben nu een baard.
Many **men** now have a beard.

### 273. Denken – Thinking
Anders **denken** maakt je bijzonder.
**Thinking** differently makes you special.

**274. Enige – Only**

Het is de **enige** leuke winkel.

It's the **only** nice store.

**275. Vertel – Tell**

**Vertel** me het verhaal.

**Tell** me the story.

**276. Denkt – Thinks**

Hij **denkt** veel aan zijn moeder.

He **thinks** a lot about his mother.

**277. Krijg – Receive**

Iedere bezoeker **krijgt** een cadeau.

Every visitor will **receive** a gift.

**278. Samen – Together**

**Samen** staan we sterker.

**Together** we are stronger.

**279. Vandaag – Today**

**Vandaag** gaan we alles anders doen.

**Today** we will do everything differently.

**280. Hoop – Hope**

Ik heb **hoop** op betere tijden.

I have **hope** for better times.

**281. Halen – Getting**

Hij gaat een patatje **halen**.

He's **getting** some fries.

**282. Buiten – Outside**

**Buiten** sporten is heerlijk.

Working out **outside** is lovely.

### 283. Eerst – First
Ik ga **eerst** douchen.
I'm going to shower **first**.

### 284. Eigen – Own
Andy is een **eigen** bedrijf begonnen.
Andy started his **own** company.

### 285. Rustig – Calm
De student heeft een **rustig** karakter.
The student has a calm **personality**.

### 286. Horen – Hearing
Het verschil **horen** is belangrijk.
**Hearing** the difference is important.

### 287. Soms – Sometimes
**Soms** ben ik verdrietig.
**Sometimes** I am sad.

### 288. Uur – Hour
Iedere **uur** telt.
Every **hour** counts.

### 289. Zoon – Son
Mijn **zoon** is mijn grootste trots.
My **son** is my biggest pride.

### 290. Politie – Police
Zij worden achtervolgd door de **politie**.
They're being chased by the **police**.

### 291. Houdt – Keeps
Hij **houdt** problemen voor zichzelf.
He **keeps** problems to himself.

### 292. Probleem – Problem
Schulden zijn het grootste **probleem**.
Debts are the biggest **problem**.

### 293. Zat – Sat
Ik **zat** in de klas naast haar.
I **sat** next to her in class.

### 294. Heet – Hot
In juli, wordt het erg **heet**.
In July, it gets very **hot**.

### 295. Gevonden – Found
Ze hebben elkaar eindelijk **gevonden**.
They finally **found** each other.

### 296. Open – Open
De supermarkt is altijd **open**.
The supermarket is always **open**.

### 297. Vermoord – Killed
Hij heeft twee mensen **vermoord**.
He **killed** two people.

### 298. Bijna – Almost
Die keuze werd hem **bijna** fataal.
That decision **almost** killed him.

### 299. Kind – Child
Zij is hun eerste **kind**.
She is their first **child**.

### 300. Vrienden – Friends
We hebben **vrienden** over de hele wereld.
We have **friends** all over the world.

**301. Geeft – Gives**

Hij **geeft** veel geld aan goede doelen.

He **gives** a lot of money to charity.

**302. Zouden – Would**

Is het waar dat we vanavond **zouden** afspreken?

Is it true that we **would** meet tonight?

**303. Gelijk – Equal**

Iedereen is **gelijk**.

Everyone is **equal**.

**304. Geleden – Ago**

Die reis was jaren **geleden**.

That trip was years **ago**.

**305. Hen – Them**

We bellen **hen** iedere week.

We call **them** every week.

**306. Gebeurt – Happens**

Dat **gebeurt** bijna iedere keer.

That **happens** almost every time.

**307. Elke – Every**

Sabrina wil **elke** keer aan nieuw kapsel.

Sabrina wants a new haircut **every** time.

**308. Pas – Pass**

Ik kom sneller binnen met mijn VIP **pas**.

I can enter faster with my VIP **pass**.

**309. Krijgt – Gets**

Iedereen **krijgt** een ander gerecht.

Everyone **gets** a different dish.

### 310. Precies – Exactly

Het gebeurde **precies** een jaar geleden.

It happened **exactly** one year ago.

### 311. Begrijp – Understand

Ik **begrijp** veel tijdens wiskunde.

I **understand** a lot during math.

### 312. Wachten – Waiting

We **wachten** nog steeds op de betaling.

We're still **waiting** for the payment.

### 313. Verder – Further

Ze zijn **verder** naar het westen verhuisd.

They moved **further** west.

### 314. Voel – Feel

Ik **voel** me goed bij jou.

I **feel** good with you.

### 315. Vanavond – Tonight

**Vanavond** wordt extra speciaal.

**Tonight,** will be extra special.

### 316. Gehad – Had

Ik heb genoeg **gehad**.

I have had **enough**.

### 317. Zet – Put

**Zet** mij bovenaan de gastenlijst.

**Put** me on top of the guest list.

### 318. Alsof – Like

Het voelt **alsof** ik hier al jaren woon.

It feels **like** I have lived here for years.

### 319. Pak – Grab

**Pak** je kans!

**Grab** your chance!

### 320. Kant – Side

Ik heb een eigen **kant** van het bed.

I have my own **side** of the bed.

### 321. Eigenlijk – Actually

Hij was **eigenlijk** erg verlegen.

He was **actually** very shy.

### 322. Bel – Call

Ik **bel** alleen via Whatsapp.

I only **call** via Whatsapp.

### 323. Volgens – According

**Volgens** Maria, zit het anders.

**According** to Maria, it's different.

### 324. Werken – Working

Ik hou van **werken** als accountant.

I love **working** as an accountant.

### 325. Beste – Best

Het **beste** restaurant zit altijd vol.

The **best** restaurant is always packed.

### 326. Daarom – Therefore

**Daarom** deze maandelijkse update.

**Therefore,** this monthly update.

### 327. Familie – Family

Al mijn **familie** woont in Limburg.

My entire **family** lives in Limburg.

### 328. Haal – Get
**Haal** het maar uit je hoofd.
**Get** it out of your head.

### 329. Stop – Stop
**Stop** met rennen.
**Stop** running.

### 330. Vindt – Finds
Hij **vindt** overal oude spullen.
He **finds** old stuff everywhere.

### 331. Vroeg – Early
Danny is altijd **vroeg** wakker.
Danny always wakes up **early**.

### 332. Gehoord – Heard
Heb je dat nummer **gehoord**?
Have you **heard** that song?

### 333. Probeer – Try
**Probeer** dit niet thuis.
Don't **try** this at home.

### 334. Dagen – Days
De **dagen** in de zomer worden langer.
The **days** are getting longer in summer.

### 335. Eruit – Out
Hij stapte **eruit**.
He stepped **out**.

### 336. Volgende – Next
Wat doe je **volgende** week?
What are you doing **next** week?

### 337. Worden – Become
Ik wil graag brandweerman **worden**.
I would like to **become** a fireman.

### 338. Hoeveel – How much
**Hoeveel** eet jij dagelijks?
**How much** do you eat daily?

### 339. Ding – Thing
Wat een lelijk **ding**.
What an ugly **thing**.

### 340. Schiet – Shoot
**Schiet** de bal.
**Shoot** the ball.

### 341. Vijf – Five
Kies **vijf** getallen.
Choose **five** numbers.

### 342. Spreken – Speaking
Ik hou van publiek **spreken**.
I like **speaking** in public.

### 343. Helpen – Help
Kun je me **helpen** kiezen?
Can you **help** me choose?

### 344. Gemaakt – Made
Ik heb een taart **gemaakt**.
I **made** a cake.

### 345. Blij – Happy
Hij is altijd **blij**.
He is always **happy**.

### 346. Ligt – Lies
Zij **ligt** op haar rug.
She **lies** on her back.

### 347. Prima – Fine
Ik voel me **prima**.
I'm feeling **fine**.

### 348. Lekker – Delicious
De snacks zijn erg **lekker**.
The snacks are very **delicious**.

### 349. Kamer – Room
Geef mij de grootste **kamer**.
Give me the biggest **room**.

### 350. Hoofd – Head
Hij is het **hoofd** van de afdeling.
He is the **head** of the department.

### 351. Oude – Old
Wat een mooie **oude** stad.
What a beautiful **old** city.

### 352. Zoeken – Search
Kun je me helpen **zoeken**?
Can you help me **search**?

### 353. Stad – City
Utrecht is een leuke **stad**.
Utrecht is a fun **city**.

### 354. Werkt – Works
David **werkt** op de personeelsafdeling.
David **works** in the HR department.

### 355. Vond – Found
Ik **vond** veel oude spullen.

I **found** lots of old things.

### 356. Geloven – Believe
Hij kon zijn ogen niet **geloven**.

He couldn't **believe** his eyes.

### 357. Kleine – Little
Ze kochten een **kleine** boot.

They bought a **little** boat.

### 358. Slecht – Bad
Anna voelt zich **slecht**.

Anna is feeling **bad**.

### 359. Pijn – Pain
Met **pijn** in mijn hart.

With **pain** in my heart.

### 360. Jezelf – Yourself
Je moet altijd **jezelf** blijven.

Always be **yourself**.

### 361. Blijft – Remains
Alles **blijft** hetzelfde.

Everything **remains** the same.

### 362. Kans – Opportunity
Zijn **kans** kwam uit het niets.

His **opportunity** came out of nowhere.

### 363. Schat – Guess
Ik **schat** in van niet.

I **guess** not.

### 364. Ogen – Eyes
Dat meisjes heeft mooie blauwe **ogen**.
That girl has beautiful blue **eyes**.

### 365. Welke – Which
**Welke** zender kijk je naar?
**Which** channel are you watching?

### 366. Verteld – Told
Hij heeft zijn hele levensverhaal **verteld**.
He **told** his entire life story.

### 367. Manier – Way
Zijn **manier** werkt het beste.
His **way** works best.

### 368. Ergens – Somewhere
**Ergens** anders, is het beter.
**Somewhere** else, it's better.

### 369. Mooie – Pretty
Er zijn veel **mooie** mensen.
There are lots of **pretty** people.

### 370. Moment – Moment
Het **moment** was zeer bepalend.
The **moment** was very decisive.

### 371. Kent – Knows
Harry **kent** echt iedereen.
Harry really **knows** everyone.

### 372. Breng – Bring
Ik **breng** altijd een traktatie mee.
I always **bring** a treat.

### 373. Tussen – Between
Ik twijfel **tussen** twee kleuren.
I'm doubting **between** two colors.

### 374. Brengen – Bringing
Victor gaat Nicole **brengen**.
Victor is **bringing** Nicole.

### 375. Spelen – Play
Ze **spelen** graag op de PlayStation.
They like to **play** on the PlayStation.

### 376. Deur – Door
Ik wil graag een stalen **deur** kopen.
I would like to buy a steel **door**.

### 377. School – School
Zij haatte de middelbare **school**.
She hated high **school**.

### 378. Minuten – Minutes
Het eten moet 30 **minuten** in de oven.
The food has to go in the oven for 30 **minutes**.

### 379. Vrouwen – Women
Het merk maakt kleding voor **vrouwen**.
The brand creates clothes for **women**.

### 380. Broer – Brother
Gerben heeft geen **broer**.
Gerben doesn't have a **brother**.

### 381. Boven – Upstairs
De badkamer is **boven**.
The bathroom is **upstairs**.

### 382. Water – Water

Heet **water** is niet overal beschikbaar.

Hot **water** is not available everywhere.

### 383. Dokter – Doctor

De **dokter** schreef een medicijn voor.

The **doctor** prescribed a medicine.

### 384. Land – Country

Frankrijk is een fascinerend **land**.

France is a fascinating **country**.

### 385. Vier – Four

Er zijn **vier** metrolijnen.

There are **four** subway lines.

### 386. Praat – Talking

Susan **praat** alsmaar door.

Susan keeps **talking** constantly.

### 387. Bed – Bed

Het **bed** in het hotel was verschrikkelijk.

The **bed** in the hotel was terrible.

### 388. Hulp – Help

De ouderen hebben **hulp** nodig.

The elderly need **help**.

### 389. Zaak – Case

De agenten kunnen de **zaak** niet oplossen.

The officers can't solve the **case**.

### 390. Klopt – Is Right

Wat Roy zegt **klopt**.

What Roy says **is right**.

**391. Groot – Big**

De huizen zijn **groot**.

The houses are **big**.

**392. Juist – Correct**

Dat antwoord is **juist**.

That answer is **correct**.

**393. Week – Week**

Jay speelt elke **week** poker.

Jay plays poker every **week**.

**394. Dollar – Dollar**

Een **dollar** is iets minder waard dan een euro.

One **dollar** is worth a little less than one euro.

**395. Sta – Stand**

Ik **sta** altijd achter mijn maten

I always **stand** behind my buddies.

**396. Zoveel – So Many**

Er zijn **zoveel** meningen over deze kwestie.

There are **so many** opinions regarding this issue.

**397. Wees – Be**

**Wees** aardig voor elkaar.

**Be** kind to each other.

**398. Vrij – Free**

Voel je **vrij** als een vogel.

Feel **free** as a bird.

**399. Problemen – Problems**

Het bedrijf overwon veel financiële **problemen**.

The company overcame many financial **problems**.

**400. Later – Later**

Ik kom iets **later** naar Amsterdam.

I will come to Amsterdam a little **later**.

**401. Vergeten – Forgot**

Martha is **vergeten** de kaart te sturen.

Martha **forgot** to send the card.

**402. Vooruit – Forward**

Snel **vooruit**.

Fast **forward**.

**403. Kop – Head**

Het dier heeft een grote **kop**.

The animal has a big **head**.

**404. Bellen – Calling**

**Bellen** is gratis via de cloud.

**Calling** is free via the cloud.

**405. Hoeft – Have**

Hij **hoeft** niet naar het park.

He doesn't **have** to go to the park.

**406. Echte – Real**

Bram houdt van **echte** gouden horloges.

Bram loves **real** gold watches.

**407. Proberen – Trying**

Hij blijft **proberen** zijn rijbewijs te halen.

He keeps **trying** to get his driving license.

**408. Betekent – Means**

Ze **betekent** niets voor mij.

She **means** nothing to me.

### 409. Papa – Dad
**Papa** krijgt een cadeau voor vaderdag.
**Dad** gets a present for Father's Day.

### 410. Soort – Kind
Ik ben gek op dat **soort** rijst.
I love that **kind** of rice.

### 411. Lopen – Walking
We **lopen** door de straten van Maastricht.
We're **walking** through the streets of Maastricht.

### 412. Snap – Get
Ik **snap** het niet.
I don't **get** it.

### 413. Mis – Miss
**Mis** je mij nog steeds?
Do you still **miss** me?

### 414. Zult – Will
Je **zult** Hollandse drop waarschijnlijk niet lekker vinden.
You **will** probably not like Dutch licorice.

### 415. Dochter – Daughter
Barbara heeft een **dochter**.
Barbara has a **daughter**.

### 416. Zorg – Care
De **zorg** voor haar familie is veel work.
The **care** of her family is lots of work.

### 417. Meteen – Immediately
Kom **meteen** naar huis!
Come home **immediately**!

### 418. Doden – Kill
In het spel, moet je tegenstanders **doden**.

In the game, you have to **kill** opponents.

### 419. Ervan – It
Niemand weet **ervan**.

No one knows about **it**.

### 420. Beginnen – Start
Nieuwe werknemers **beginnen** met het minimumloon.

New employees **start** at minimum wage.

### 421. Gebruiken – Use
Ik kan wel wat hulp **gebruiken**.

I can **use** some help.

### 422. Stel – Couple
Het **stel** leerde elkaar met Pasen kennen.

The **couple** met during Easter.

### 423. Handen – Hands
Je moet je **handen** wassen.

You have to wash your **hands**.

### 424. Mevrouw – Madam
Die **mevrouw** is erg aardig.

That **madam** is very kind.

### 425. Plaats – Place
Iedereen moet zijn **plaats** kennen.

Everyone has to know their **place**.

### 426. Leren – Learn
Schaken kan iedereen **leren**.

Everyone can **learn** to play chess.

### 427. Klootzak – Asshole
Zijn leraar is een **klootzak**.
His teacher is an **asshole**.

### 428. Alstublieft – Please
Doe **alstublieft** voorzichtig.
**Please** be careful.

### 429. Slapen – Sleep
Je moet acht uur per dag **slapen**.
You have to **sleep** eight hours a day.

### 430. Zoiets – Like That
Doe **zoiets** nooit meer.
Never do something **like that** again.

### 431. Liefde – Love
**Liefde** hangt in de lucht.
**Love** is in the air.

### 432. Vol – Full
Na het avondeten, zat ik **vol**.
After dinner, I was **full**.

### 433. Moeilijk – Hard
Bij het leger gaan is **moeilijk**.
It's **hard** to join the army.

### 434. Druk – Busy
Op kantoor, is het altijd **druk**.
At the office, it's always **busy**.

### 435. Tien – Ten
Tel tot **tien**.
Count to **ten**.

**436. Mama – Mom**

Niemand kookt als **mama**.

No one cooks like **mom**.

**437. Voorbij – Over**

De relatie is **voorbij**.

The relationship is **over**.

**438. Gekomen – Came**

Ik ben van ver **gekomen**.

I **came** from far.

**439. Gelukkig – Happy**

Golfen maakt me **gelukkig**.

Playing golf makes me **happy**.

**440. Nacht – Night**

Het wordt een lange **nacht**.

It will be a long **night**.

**441. Verhaal – Story**

Niels vertelt graag zijn **verhaal**.

Niels likes to tell his **story**.

**442. Nummer – Number**

Mag ik je **nummer**?

Can I have your **number**?

**443. Zodat – So That**

Ga alvast weg **zodat** je op tijd bent.

Leave already **so that** you will be on time.

**444. Wakker – Awake**

Ik was vanochtend al **wakker**.

I was already **awake** this morning.

### 445. Mogen – May

We **mogen** zijn zwembad gebruiken.

We **may** use his pool.

### 446. Hand – Hand

Steek je **hand** op voor vragen.

Raise your **hand** for questions.

### 447. Zes – Six

We zoeken **zes** kandidaten.

We're searching for **six** candidates.

### 448. Vergeet – Forget

**Vergeet** je taak niet.

Don't **forget** your task.

### 449. Zoek – Search

Ik **zoek** veel producten online.

I **search** for many products online.

### 450. Gebeuren – Happen

Morgen gaat het eindelijk **gebeuren**.

Tomorrow it will finally **happen**.

### 451. Sinds – Since

**Sinds** de basisschool weet ik al wat ik wil worden.

I have known what I want to become **since** elementary school.

### 452. Fijn – Fine

De stof is erg **fijn**.

The fabric is very **fine**.

### 453. Voordat – Before

**Voordat** we verder gaan nemen we pauze.

**Before** we continue, we will take a break.

### 454. Hoort – Belongs

Julian **hoort** in de gevangenis.

Julian **belongs** in jail.

### 455. Bezig – Busy

Ik hou mezelf constant **bezig**.

I keep myself **busy** constantly.

### 456. Hart – Heart

Een **hart** van goud.

A **heart** of gold.

### 457. Klein – Little

De lekkage is een **klein** probleem.

The leakage is a **little** problem.

### 458. Vermoorden – Murder

Hij probeerde zijn vijand te **vermoorden**.

He tried to **murder** his enemy.

### 459. Liggen – Lying

Jennifer houdt van op het strand **liggen**.

Jennifer loves **lying** on the beach.

### 460. Stoppen – Stop

Voor een rood stoplicht, moet je **stoppen**.

At a red traffic sign, you have to **stop**.

### 461. Straks – Later

Is goed, ik spreek je **straks**.

Alright, I will talk to you **later**.

### 462. Hetzelfde – The Same
Joyce drinkt altijd **hetzelfde**.
Joyce always drinks **the same**.

### 463. Drinken – Drinking
Alleen **drinken** is saai.
**Drinking** alone is boring.

### 464. Begin – Beginning
Het **begin** is het beste deel van het verhaal.
The **beginning** is the best part of the story.

### 465. Aardig – Nice
Verkopers zijn altijd **aardig**.
Salespeople are always **nice**.

### 466. Gaf – Gave
Ik **gaf** alleen mijn mening.
I only **gave** my opinion.

### 467. Eerder – Sooner
Kan je misschien **eerder** komen?
Can you maybe come **sooner**?

### 468. Ander – Another
Zijn ex heeft nu een **ander** persoon.
His ex has **another** person now.

### 469. Vent – Guy
Mijn oom is een aardige **vent**.
My uncle is a nice **guy**.

### 470. Waarheid – Truth
De **waarheid** komt altijd uit.
The **truth** always comes out.

### 471. Neer – Down
Hij sloeg hem **neer**.
He knocked him **down**.

### 472. Beneden – Downstairs
De wijn ligt **beneden** in de kelder.
The wine is **downstairs** in the basement.

### 473. Agent – Agent
Zijn **agent** regelt zijn contract.
His **agent** takes care of his contract.

### 474. Zaken – Business
We spreken over veel **zaken**.
We talk about a lot of **business**.

### 475. Bloed – Blood
**Bloed**, zweet, en tranen.
**Blood**, sweat, and tears.

### 476. Los – Loose
Er zit een spijker **los**.
There is a **loose** nail.

### 477. Gezicht – Face
Het **gezicht** heeft een mooie structuur.
The **face** has a beautiful structure.

### 478. Oud – Old
Het gebouw is al **oud**.
The building is already **old**.

### 479. Dicht – Closed
De bar is al weken **dicht**.
The bar has been **closed** for weeks.

### 480. Hoorde – Heard
Allen **hoorde** het nieuws later.
Allen **heard** the news later.

### 481. Vallen – Falling
De appels **vallen** van de boom.
The apples are **falling** from the tree.

### 482. Avond – Evening
De **avond** is nog jong.
The **evening** is still young.

### 483. Vaak – Often
Hij maakt **vaak** de foute keuze.
He **often** makes the wrong choice.

### 484. Oorlog – War
In de **oorlog,** was alles anders.
During the **war,** everything was different.

### 485. Nieuws – News
Dagelijks **nieuws** houdt je op de hoogte.
Daily **news** will keep you updated.

### 486. Hoi – Hi
**Hoi**, ken ik jou ergens van?
**Hi**, do I know you from somewhere?

### 487. Schuld – Blame
De **schuld** werd aan Peter gegeven.
The **blame** was put on Peter.

### 488. Plek – Place
Mijn balkon is de **plek** om te zonnen.
My balcony is the **place** to sunbathe.

### 489. Kennen – Know
Ze **kennen** iedereen op de bridge club.
They **know** everyone at the bridge club.

### 490. Begrepen – Understood
Iedereen heeft de aanwijzingen **begrepen**.
Everyone **understood** the instructions.

### 491. Stuk – Piece
Ik lust wel een **stuk** taart.
I could eat a **piece** of pie.

### 492. Sterven – Die
In het ziekenhuis **sterven** veel mensen.
Lots of people die in the hospital.

### 493. Rest – Rest
De **rest** rijdt vandaag al naar Miami.
The **rest** will already drive to Miami today.

### 494. Buurt – Neighborhood
Amsterdam-Zuid is een rijke **buurt**.
Amsterdam South is a rich **neighborhood**.

### 495. Veilig – Safe
Door de criminaliteit, ben je niet **veilig**.
Due to the crime, you are not **safe**.

### 496. Mogelijk – Possible
Vroeg met pensioen gaan is **mogelijk**.
Early retirement is **possible**.

### 497. Film – Movie
*Die Hard* is een goede **film**.
*Die Hard* is a good **movie**.

**498. Maanden – Months**

De **maanden** vliegen voorbij.

The **months** are flying by.

**499. Vriendin – Girlfriend**

Mijn **vriendin** is mijn alles.

My **girlfriend** is my everything.

**500. Redden – Save**

Hij moest zijn collega **redden**.

He had to **save** his colleague.

# Chapter 3

**501. Terwijl – While**

Het regent **terwijl** de zon schijnt.

It's raining **while** the sun is shining.

**502. Zin – Sense**

In die **zin**, begrijp ik het wel.

In that **sense**, I can understand.

**503. Rond – Around**

Hij rijdt in de stad **rond**.

He is driving **around** in the city.

**504. Ouders – Parents**

Mijn **ouders** zijn al 25 jaar getrouwd.

My **parents** have been married for 25 years.

**505. Eerlijk – Honest**

Lisa was **eerlijk** over wat er gebeurd was.

Lisa was **honest** about what happened.

**506. Inderdaad – Indeed**

Ze heeft het **inderdaad** zelf verknald.

She **indeed** blew it herself.

**507. Liever – Rather**

Ik eet **liever** met mijn handen.

I would **rather** eat with my hands.

**508. Overal – Everywhere**

Hun vestigingen zitten **overal**.

Their branches are **everywhere**.

**509. Anderen – Others**

Ik ga graag met **anderen** uit.

I like going out with **others**.

**510. Duidelijk – Clear**

De gebruiksaanwijzing is **duidelijk**.

The manual is **clear**.

**511. Langs – By**

Kom je vanavond **langs** mijn huis?

Will you come **by** my house tonight?

**512. Belangrijk – Important**

Stemmen is altijd **belangrijk**.

Voting is always **important**.

**513. Kreeg – Got**

Ik **kreeg** symptomen van griep.

I **got** flu symptoms.

**514. Liet – Left**

Zij **liet** haar tegenstander geen kans.

She **left** her opponent no chance.

### 515. Hond – Dog
Ga de **hond** uitlaten.
Go **walk** the dog.

### 516. Voelt – Feels
Het **voelt** als een kneuzing.
It **feels** like a bruise.

### 517. Waarschijnlijk – Probably
De kans om aangenomen te worden is **waarschijnlijk** klein.
The chance to get hired is **probably** small.

### 518. Heren – Gentlemen
Echte **heren** kleden zich goed.
Real **gentlemen** dress well.

### 519. Jaren – Years
De **jaren** gaan voor Richard tellen.
The **years** are starting to count for Richard.

### 520. Stond – Stood
Hij **stond** erbij en keek ernaar.
He **stood** there and looked at it.

### 521. Baas – Boss
Mijn **baas** is een verschrikkelijke vent.
My **boss** is a horrible guy.

### 522. Geluk – Luck
Klavertjes vier brengen **geluk**.
Clovers bring good **luck**.

### 523. Mond – Mouth
Ik poets de tanden in mijn **mond**.
I brush the teeth in my **mouth**.

### 524. Vandaan – From
Waar komt de ziekte **vandaan**?
Where does the disease come **from**?

### 525. Fout – Mistake
Elke **fout** kan fataal zijn.
Every **mistake** can be fatal.

### 526. Klinkt – Sounds
Dat liedje **klinkt** als de blues.
That song **sounds** like the blues.

### 527. Per – Per
Het vlees wordt **per** kilo verkocht.
The meat is sold **per** kilo.

### 528. Reden – Reason
Wat was de **reden** van de scheiding?
What was the **reason** for the divorce?

### 529. Ermee – With It
Kan je **ermee** in het water?
Can you enter the water **with it**?

### 530. Mezelf – Myself
Ik heb veel tijd voor **mezelf**.
I have lots of time for **myself**.

### 531. Betalen – Pay
Kunnen **betalen** met creditcard is makkelijker.
Being able to **pay** with a credit card is easier.

### 532. Welkom – Welcome
**Welkom** in Nederland.
**Welcome** to the Netherlands.

### 533. Stil – Quiet
Het is **stil** na middernacht.

It's **quiet** after midnight.

### 534. Hard – Hard
Hij vocht **hard** voor de titel.

He fought **hard** for the title.

### 535. Recht – Right
Ik heb het **recht** niet me ermee te bemoeien.

I don't have the **right** to get involved.

### 536. Prachtig – Beautiful
Het landschap is **prachtig**.

The scenery is **beautiful**.

### 537. Baan – Job
Mijn nieuwe **baan** is geweldig.

My new **job** is awesome.

### 538. Houd – Hold
**Houd** je goed vast.

**Hold** on tight.

### 539. Erop – On It
Ik slaap **erop**.

I sleep **on it**.

### 540. Kwaad – Angry
Het beleid van de regering maakt me **kwaad**.

The policy of the government makes me **angry**.

### 541. Kapitein – Captain
De **kapitein** vaart al jaren.

The **captain** has been sailing for years.

### 542. Telefoon – Phone
Mijn nieuwe **telefoon** was erg duur.

My new **phone** was very expensive.

### 543. Mam – Mom
**Mam** speelt graag piano.

**Ma** likes to play the piano.

### 544. Pa – Dad
Mijn **pa** is de beste klusjesman.

My **dad** is the best handyman.

### 545. Neemt – Takes
Jerry **neemt** het geld aan.

Jerry **takes** the money.

### 546. Gegeven – Given
Ik heb hem alles **gegeven**.

I have **given** him everything.

### 547. Zetten – Put
Je moet alles op rood **zetten**.

You have to **put** everything on red.

### 548. Valt – Falls
De koning **valt** van de troon.

The king **falls** off his throne.

### 549. Baby – Baby
De **baby** is drie maanden oud.

The **baby** is three months old.

### 550. Haat – Hate
Ik **haat** maandagen.

I **hate** Mondays.

**551. Dezelfde – The Same**

Het is **dezelfde** acteur.

It's **the same** actor.

**552. Boek – Book**

*The Da Vinci Code* is een goed **boek**.

*The Da Vinci Code* is a good **book**.

**553. Hield – Loved**

Zij **hield** veel van me.

She **loved** me a lot.

**554. Trouwen – Marry**

Hij vroeg haar met hem te **trouwen**.

He asked her to **marry** him.

**555. Één – One**

Bart heeft **één** dochter.

Bart has **one** daughter.

**556. Rijden – Driving**

Ik ben gek op **rijden** in de woestijn.

I love **driving** in the desert.

**557. Zeer – Very**

Het vooruitzicht is **zeer** goed.

The forecast is **very** good.

**558. Hoezo – Why**

**Hoezo** spreek je met hem af?

**Why** are you meeting with him?

**559. Weken – Weeks**

Een jaar heeft 52 **weken**.

A year has 52 **weeks**.

### 560. Lichaam – Body
Hij zorgt niet goed voor zijn **lichaam**.
He doesn't take care of his **body** very well.

### 561. Geworden – Became
George is voorzitter **geworden**.
George **became** chairman.

### 562. Voorzichtig – Careful
Wees **voorzichtig** met ongezond eten.
Be **careful** with unhealthy food.

### 563. Jack – Jack
**Jack** werkt in een hotel.
**Jack** works in a hotel.

### 564. Kwijt – Lost
Ik ben mijn portemonnee **kwijt**.
I **lost** my wallet.

### 565. Daarna – Afterwards
**Daarna** gaan we samen uit.
**Afterwards** we will go out together.

### 566. Nergens – Nowhere
We gaan **nergens** heen op vakantie.
We're going **nowhere** for vacation.

### 567. Erin – In it
Ik geloof **erin**, ondanks wat mensen zeggen.
I believe **in it**, despite what people say.

### 568. Mens – Human
Ieder **mens** heeft problemen.
Every **human** has problems.

**569. Vanaf – From**

Je moet **vanaf** het begin beginnen.

You will need to start **from** scratch.

**570. Plan – Plan**

Het **plan** is ongewijzigd.

The **plan** is unchanged.

**571. Elk – Every**

Hij bezoekt **elk** evenement.

He visits **every** event.

**572. Deel – Part**

**Deel** 1 van *The Lord of the Rings* is het beste.

**Part** 1 of *The Lord of the Rings* is the best.

**573. Moord – Murder**

De **moord** is nooit opgelost.

The **murder** was never solved.

**574. Noemen – Mention**

We mogen zijn naam nooit **noemen**.

We are never allowed to **mention** his name.

**575. Vertrouwen – Trust**

Ik heb **vertrouwen** in zijn eerlijkheid.

I have **trust** in his honesty.

**576. Wapen – Weapon**

Liam heeft een **wapen** in de kelder.

Liam has a **weapon** in the basement.

**577. Pakken – Grab**

Je moet je tas **pakken**.

You have to **grab** your bag.

**578. Antwoord – Answer**

Er is maar één goed **antwoord**.

There is only one right **answer**.

**579. Kerel – Dude**

Die **kerel** is raar.

That **dude** is weird.

**580. Schatje – Darling**

Zij is echt een **schatje**.

She's a real **darling**.

**581. Koning – King**

De **koning** houdt een toespraak.

The **king** is giving a speech.

**582. Gebeld – Called**

Ik werd **gebeld** door een marketingbureau.

I was **called** by a marketing agency.

**583. Ontmoet – Met**

Hij heeft haar bij yoga **ontmoet**.

He **met** her at yoga.

**584. Jezus – Jesus**

Veel mensen geloven in **Jezus**.

Lots of people believe in **Jesus**.

**585. Geval – Case**

Ieder **geval** wordt anders behandeld.

Every **case** is treated differently.

**586. Loopt – Walks**

Steven **loopt** in het bos.

Steven **walks** in the woods.

### 587. Tijdens – During
Ik word niet graag onderbroken **tijdens** films.
I don't like being interrupted **during** movies.

### 588. Nogal – Quite
De discussie was **nogal** hevig.
The discussion was **quite** intense.

### 589. Allebei – Both
Ze zijn **allebei** nooit moe.
They are **both** never tired.

### 590. Lieverd – Sweetheart
Mijn schoonmoeder is een **lieverd**.
My mother-in-law is a **sweetheart**.

### 591. Getrouwd – Married
Mijn ouders zijn gelukkig **getrouwd**.
My parents are happily **married**.

### 592. Koffie – Coffee
Zonder **koffie**, functioneer ik niet in de ochtend.
Without **coffee**, I don't function in the morning.

### 593. Meisjes – Girls
De **meisjes** zitten hem achterna.
The **girls** are chasing after him.

### 594. Naartoe – Going
Waar ga je **naartoe** op reis?
Where are you **going** to travel to?

### 595. Veranderen – Change
Ik wil de opstelling niet **veranderen**.
I don't want to **change** the lineup.

### 596. Miljoen – Million
Hij won een **miljoen** met gokken.
He won one **million** gambling.

### 597. Schieten – Shooting
Zij gaan graag **schieten**.
They like to go **shooting**.

### 598. Dames – Ladies
De **dames** zijn allemaal modellen.
The **ladies** are all models.

### 599. Gisteren – Yesterday
Het feest was **gisteren**.
The party was **yesterday**.

### 600. Ver – Far
De sportschool is hier **ver** vandaan.
The gym is **far** from here.

### 601. Zus – Sister
Mijn **zus** is twee jaar ouder dan mij.
My **sister** is two years older than me.

### 602. Kopen – Buying
We gaan graag nieuwe kleding **kopen**.
We like **buying** new clothes.

### 603. Erbij – With us
Ik heb hem graag **erbij**.
I like having him **with us**.

### 604. Maakte – Made
Hij **maakte** de schilderijen zelf.
He **made** the paintings himself.

### 605. Tweede – Second

Dit is de **tweede** termijn.

This is the **second** term.

### 606. Ziek – Sick

Mijn allergie maakt me **ziek**.

My allergy makes me **sick**.

### 607. Woord – Word

Dat **woord** ken ik niet.

I don't know that **word**.

### 608. President – President

De **president** won de verkiezingen.

The **president** won the elections.

### 609. Leg – Put

**Leg** de papieren neer.

**Put** the papers down.

### 610. Grappig – Funny

Zijn shows zijn altijd **grappig**.

His shows are always **funny**.

### 611. Gevoel – Feeling

De resultaten geven me een goed **gevoel**.

The results give me a good **feeling**.

### 612. Gebruikt – Uses

Zij **gebruikt** veel data.

She **uses** a lot of data.

### 613. Verloren – Lost

We hebben alles **verloren**.

We **lost** everything.

### 614. Ontmoeten – Meet

Hij gaat me op Lowlands **ontmoeten**.

He will **meet** me at Lowlands.

### 615. Vreemd – Strange

Deze buurt is erg **vreemd**.

This neighborhood is very **strange**.

### 616. Stap – Step

De laatste **stap** is het moeilijkst.

The last **step** is the hardest.

### 617. Vechten – Fighting

Ze **vechten** in Las Vegas voor de titel.

They're **fighting** for the title in Las Vegas.

### 618. Trek – Pull

**Trek** aan de deur.

**Pull** the door.

### 619. Plezier – Fun

Veel **plezier** bij het concert.

Have **fun** at the concert.

### 620. Daarmee – With That

Veel succes **daarmee**.

Good luck **with that**.

### 621. Vroeger – Earlier

De vergadering is twee uur **vroeger**.

The meeting is two hours **earlier**.

### 622. Kantoor – Office

Het **kantoor** heeft een prachtig uitzicht over Amsterdam.

The **office** has a beautiful view over Amsterdam.

### 623. Goede – Good
De bakker verkoopt **goede** producten.

The bakery sells **good** products.

### 624. Begint – Starts
Alles **begint** met vertrouwen.

Everything **starts** with trust.

### 625. Fantastisch – Excellent
De service is **fantastisch**.

The service is **excellent**.

### 626. Ervoor – Before
Het jaar **ervoor** was beter.

The year **before** was better.

### 627. Verwacht – Expect
Er worden veel bezoekers in het Rijksmuseum **verwacht**.

Lots of visitors are **expected** at the Rijksmuseum.

### 628. Zomaar – No Reason
Hij is **zomaar** gestopt met de training.

He quit the training for **no reason**.

### 629. Meen – Mean
Ik **meen** alles wat ik schrijf.

I **mean** everything I write.

### 630. Gegaan – Gone
Hij was al naar huis **gegaan**.

He had already **gone** home.

### 631. Bedoelt – Means
Jaimy **bedoelt** het niet slecht.

Jaimy **means** nothing bad.

### 632. Pardon – Excuse Me
**Pardon**, ben ik al aan de beurt?

**Excuse me**, is it my turn yet?

### 633. Minder – Less
Ik verdien **minder** geld dan mijn collega.

I make **less** money than my colleague.

### 634. Normaal – Normal
Alles was **normaal** voor een zaterdag.

Everything was **normal** for a Saturday.

### 635. Vertelde – Told
Hij **vertelde** elk verhaal alsof je erbij was.

He **told** every story as if you were there.

### 636. Nieuw – New
Mijn schoenen zijn **nieuw**.

My shoes are **new**.

### 637. Zichzelf – Himself
Hij heeft het **zichzelf** aangedaan.=

He did it to **himself**.

### 638. Slechte – Poor
Wat een **slechte** film.

What a **poor** movie.

### 639. Foto – Picture
Ze lijken gelukkig op de **foto**.

They seem happy in the **picture**.

### 640. Leeft – Lives
De vos **leeft** op de Veluwe.

The fox **lives** on the Veluwe.

### 641. Loop – Walk
Ik **loop** graag urenlang.
I like to **walk** for hours.

### 642. Voelen – Feel
Je hoeft je niet slecht te **voelen**.
You don't have to **feel** bad.

### 643. John – John
**John** speelt vaak hockey.
**John** plays hockey often.

### 644. Idioot – Idiot
Mijn neef is een **idioot**.
My cousin is an **idiot**.

### 645. Hemel – Heaven
De poorten van de **Hemel**.
The gates of **Heaven**.

### 646. Winnen – Win
De laatste playoff wedstrijd moeten ze **winnen**.
They have to **win** the final playoff game.

### 647. Ik – I
**Ik** werk als loodgieter.
**I** work as a plumber.

### 648. Eindelijk – Finally
Hij heeft **eindelijk** zijn visum gekregen.
He **finally** got his visa.

### 649. Nam – Took
Levi **nam** Chinees mee onderweg naar huis.
Levi **took** Chinese food on the way home.

**650. Eet – Eat**

Ik **eet** dagelijks twee stuks fruit.

I **eat** two pieces of fruit daily.

**651. Stuur – Send**

**Stuur** me een WhatsApp bericht.

**Send** me a WhatsApp message.

**652. Verkeerd – Wrong**

De wet overtreden is **verkeerd**.

Breaking the law is **wrong**.

**653. Val – Fall**

Hoogmoed komt voor de **val**.

Pride comes before the **fall**.

**654. Schip – Ship**

Het **schip** is gezonken.

The **ship** has sunk.

**655. Is – Is**

Den Haag **is** een mooie stad.

The Hague **is** a beautiful city.

**656. Enkele – A Few**

Ik speel graag met **enkele** vrienden.

I like to play with a **few** friends.

**657. Meid – Girl**

Die **meid** is geweldig in vele sporten.

That **girl** is incredible at many sports.

**658. Team – Team**

Zijn **team** staat bovenaan de ranglijst.

His **team** is on top of the rankings.

### 659. Gevraagd - Asked

Ik heb de weg **gevraagd**.

I **asked** for directions.

### 660. Lief - Sweet

Mijn nichtje is ontzettend **lief**.

My niece is really **sweet**.

### 661. Gesproken - Spoken

Ik heb haar over het incident **gesproken**.

I have **spoken** to her regarding the incident.

### 662. Waard - Worth

Die gouden ketting is veel geld **waard**.

That gold necklace is **worth** a lot of money.

### 663. Enkel - Only

Het gaat hem **enkel** om het geld.

It's **only** about the money for him.

### 664. Beloof - Promise

**Beloof** me dat je nooit veranderd.

**Promise** me you will never change.

### 665. Woorden - Words

Soms kunnen **woorden** echt pijn doen.

Sometimes **words** can really hurt.

### 666. Einde - End

Het **einde** van de film zet je aan het denken.

The **end** of the movie makes you think.

### 667. Slaap - Sleep

Ik **slaap** altijd op mijn rug.

I always **sleep** on my back.

### 668. Jawel – Yes

**Jawel** hoor, dat klopt.

**Yes**, that's right.

### 669. Hierheen – Over Here

Kom je vanavond **hierheen**?

Are you coming **over here** tonight?

### 670. Vreselijk – Terrible

De gevolgen van de ramp zijn **vreselijk**.

The consequences of the disaster are **terrible**.

### 671. Begrijpen – Understand

Door te luisteren, probeer ik hem beter te **begrijpen**.

By listening, I am trying to **understand** him better.

### 672. Slim – Smart

Lezen maakt iedereen **slim**.

Reading makes everyone **smart**.

### 673. Trots – Pride

Mijn kunst is mijn **trots**.

My art is my **pride**.

### 674. Onzin – Nonsense

Ik word moe van al die **onzin**.

I get tired of all that **nonsense**.

### 675. Acht – Eight

Ze roeien met **acht** man.

They are rowing with **eight** guys.

### 676. Gang – Hallway
Voor straf, moest Jacob 10 minuten op de **gang** staan.

As a punishment, Jacob had to stand in the **hallway** for 10 minutes.

### 677. Weinig – Little
Hij heeft **weinig** vertrouwen in een goede afloop.

He has **little** confidence in a good ending.

### 678. Spullen – Stuff
Alle **spullen** liggen op zolder.

All the **stuff** is in the attic.

### 679. Gekregen – Got
Piet heeft eindelijk zijn diploma **gekregen**.

Piet finally **got** his diploma.

### 680. Grond – Ground
De **grond** brak onder zijn gewicht.

The **ground** broke under his weight.

### 681. Ziekenhuis – Hospital
In het **ziekenhuis** liggen veel patiënten.

There are lots of patients in the **hospital**.

### 682. Onderzoek – Investigation
Het **onderzoek** loopt momenteel nog.

The **investigation** is currently still going on.

### 683. Wapens – Weapons
Laura heeft veel **wapens** in de kelder.

Laura has many **weapons** in the basement.

### 684. Droom – Dream

Helaas, kwam de **droom** niet uit.

Unfortunately, the **dream** didn't come true.

### 685. Oom – Uncle

Mijn **oom** is de grappigste persoon in de familie.

My **uncle** is the funniest person in the family.

### 686. Herinner – Remember

Ik **herinner** me niets van gisteravond.

I don't **remember** anything from last night.

### 687. Brengt – Brings

Mijn zoon **brengt** mij veel vreugde.

My son **brings** me a lot of joy.

### 688. Leger – Army

In het **leger** heb ik veel geleerd.

I learned a lot in the **army**.

### 689. Lezen – Reading

Veel **lezen** vergroot je kennis.

**Reading** a lot increases your knowledge.

### 690. Veranderd – Changed

Studeren in het buitenland heeft Bobby **veranderd**.

Studying abroad **changed** Bobby.

### 691. Wonen – Living

Ik wil niet **wonen** bij mijn ouders.

I don't want to be **living** with my parents.

### 692. Muziek – Music

Het klinkt me als **muziek** in de oren.

It sounds like **music** to my ears.

### 693. Verliefd – In Love
We zijn al **verliefd** sinds de middelbare school.
We have been **in love** since high school.

### 694. Omhoog – Up
Het niveau van de competitie gaat **omhoog**.
The level of the league is going **up**.

### 695. Begon – Started
Helaas, **begon** het te regenen.
Unfortunately, it **started** to rain.

### 696. Stellen – Set
We **stellen** het alarm op 7 uur in.
We **set** the alarm for 7 o'clock.

### 697. Boos – Upset
De beslissing maakte iedereen **boos**.
The decision made everyone **upset**.

### 698. Gebruik – Use
Ik **gebruik** geen medicijnen.
I don't **use** any medicine.

### 699. Noem – Mention
**Noem** iedereen op.
**Mention** everybody.

### 700. Konden – Could
We **konden** onze mening geven.
We **could** give our opinion.

### 701. Eentje – One
Er blijft er **eentje** over.
There is only **one** left.

### 702. Gevangenis – Prison

In Vught zit een zwaarbewaakte **gevangenis**.

There is a heavily guarded **prison** in Vught.

### 703. Kleren – Clothes

**Kleren** van Italiaanse merken zijn mijn favoriet.

**Clothes** from Italian brands are my favorite.

### 704. Half – Half

**Half** is niet genoeg.

**Half** is not enough.

### 705. Frank – Frank

**Frank** schrijft graag gedichten.

**Frank** loves writing poems.

### 706. Werden – Were

We **werden** verrast met een rondleiding.

We **were** surprised with a tour.

### 707. Informatie – Information

Er staat veel **informatie** op Wikipedia.

There is a lot of **information** on Wikipedia.

### 708. Stomme – Stupid

Wat een **stomme** artikelen.

What **stupid** articles.

### 709. Zwarte – Black

Ik hou van **zwarte** meubelen.

I love **black** furniture.

### 710. Perfect – Perfect

Niets is **perfect**.

Nothing is **perfect**.

**711. Langer – Longer**

Ik kan het niet **langer** aan.

I can't take it any **longer.**

**712. Heer – Gentleman**

Een echte **heer** houdt de deur open.

A real **gentleman** holds the door.

**713. Stom – Stupid**

Yoga is niet **stom**.

Yoga is not **stupid**.

**714. Succes – Success**

**Succes** komt niet voor niets.

**Success** doesn't come for free.

**715. Licht – Light**

Het **licht** schijnt fel.

The **light** shines bright.

**716. Zeven – Seven**

Ik heb **zeven** diplomas.

I have **seven** diplomas.

**717. Hoef – Require**

Ik **hoef** niet veel te hebben.

I don't **require** much.

**718. Toekomst – Future**

De **toekomst** is rooskleurig.

The **future** is bright.

**719. Makkelijk – Easy**

De app werkt **makkelijk**.

The app works **easy**.

### 720. Gingen – Went
We **gingen** vroeg vissen.
We **went** fishing early.

### 721. Vraagt – Asks
Mario **vraagt** veel aandacht.
Mario **asks for** a lot of attention.

### 722. Mocht – Allowed
Niets **mocht** op kamp.
Nothing was **allowed** during camp.

### 723. Dansen – Dancing
Salsa **dansen** doe ik iedere woensdag.
I go salsa **dancing** every Wednesday.

### 724. Advocaat – Lawyer
Mijn **advocaat** adviseert me over de zaak.
My **lawyer** advises me about the case.

### 725. Lukt – Work
Het **lukt** niet op deze computer.
It doesn't **work** on this computer.

### 726. Pistool – Gun
Zijn favoriete **pistool** is een revolver.
His favorite **gun** is a revolver.

### 727. Opnieuw – Again
Je moet het **opnieuw** proberen.
You have to try **again**.

### 728. Begrijpt – Understands
Ik ben blij dat hij het **begrijpt**.
I am happy he **understands**.

### 729. Tenminste – At Least
Hij werkt **tenminste** wel hard.
**At least** he works hard.

### 730. Wilden – Wanted
We **wilden** altijd al een keer naar Zuid-Afrika.
We always **wanted** to go to South Africa.

### 731. Woont – Lives
Hij **woont** in een studio in het centrum.
He **lives** in a studio downtown.

### 732. Bewijs – Proof
Er was niet genoeg **bewijs**.
There was not enough **proof**.

### 733. Geheim – Secret
Zijn **geheim** was erg duister.
His **secret** was very dark.

### 734. Kwamen – Came
De mensen **kwamen** in groepen.
The people **came** in groups.

### 735. Verlaten – Leaving
Anthony gaat zijn ouderlijk huis **verlaten**.
Anthony is **leaving** his parents' home.

### 736. Sam – Sam
**Sam** is de beste leerling.
**Sam** is the best student.

### 737. Ongeluk – Accident
Hij veroorzaakte het **ongeluk**.
He caused the **accident**.

### 738. Vertrekken – Leaving
We **vertrekken** binnen twee uur.
We're **leaving** within two hours.

### 739. Probeerde – Tried
Ik **probeerde** het nogmaals.
I **tried** it again.

### 740. Vuur – Fire
Hij heeft een brandend **vuur** van binnen.
He has a burning **fire** inside of him.

### 741. Straat – Street
Ik ken haar van verderop in de **straat**.
I know her from down the **street**.

### 742. Seks – Sex
Ze hebben regelmatig **seks**.
They have **sex** regularly.

### 743. Aarde – Earth
Een duurzame **aarde** is voor iedereen beter.
A sustainable **earth** is better for everyone.

### 744. Behalve – Except
Ik mag iedereen, **behalve** Oliver.
I like everyone, **except** Oliver.

### 745. Charlie – Charlie
**Charlie** is veruit de beste atleet.
**Charlie** is by far the best athlete.

### 746. Luisteren – Listening
De klas was heel goed aan het **luisteren**.
The class was **listening** very well.

### 747. Spreek – Speak

Ik **spreek** tegen mijn team voor elke wedstrijd.

I **speak** to my team before every game.

### 748. Kracht – Strength

De **kracht** van Amsterdam is dat het zo authentiek is.

The **strength** of Amsterdam is its authenticity.

### 749. Fotos – Pictures

Hij staat altijd goed op **fotos**.

He always looks good in **pictures**.

### 750. Volgen – Follow

Veel fans **volgen** hem op Instagram.

Many fans **follow** him on Instagram.

# Chapter 4

**751. Wegwezen – Get Out**

Heel gauw **wegwezen**!

**Get out** now!

**752. Gebeurde – Happened**

Het **gebeurde** zonder dat hij het doorhad.

It **happened** without him knowing.

**753. Goedemorgen – Good Morning**

**Goedemorgen**, lekker geslapen?

**Good morning**, did you sleep well?

**754. Feest – Party**

Carnaval is een uitbundig **feest**.

Carnival is an outrageous **party**.

**755. Beschermen – Protect**

Iedereen wil de cultuur **beschermen**.

Everyone wants to **protect** the culture.

### 756. Afspraak – Appointment
Vergeet je **afspraak** bij de tandarts niet.
Don't forget your dentist **appointment**.

### 757. Ene – One
Die **ene** wedstrijd was zijn doorbraak.
That **one** game was his breakthrough.

### 758. Erover – About It
Ik weet het niet, maar heb **erover** gelezen.
I don't know, but I read **about it**.

### 759. Gestolen – Stolen
Zijn auto was **gestolen**.
His car was **stolen**.

### 760. Zak – Bag
Een plastic **zak** is slecht voor het milieu.
A plastic **bag** is bad for the environment.

### 761. Verliezen – Losing
Ze **verliezen** veel geld op de beurs.
They are **losing** a lot of money on the stock exchange.

### 762. Kijkt – Looks
Zij **kijkt** me constant aan.
She **looks** at me constantly.

### 763. Schrijven – Writing
**Schrijven** is mijn favoriete hobby.
**Writing** is my favorite hobby.

### 764. Absoluut – Absolutely
**Absoluut** waar!
**Absolutely** true!

**765. Afgelopen – Finished**

Het was al twee uur geleden **afgelopen**.

It **finished** two hours ago already.

**766. Liefje – Honey**

Ik noem haar altijd **liefje**.

I always call her **honey**.

**767. Koud – Cold**

In Noord-Canada, is het ijzig **koud**.

In Northern Canada, it's freezing **cold**.

**768. Gedood – Killed**

Remco heeft een insect **gedood**.

Remco **killed** an insect.

**769. Lijken – Look**

Ze **lijken** precies hetzelfde.

They **look** exactly the same.

**770. Boot – Boat**

Victoria is trots op haar **boot**.

Victoria is proud of her **boat**.

**771. Genomen – Took**

Ik heb alle tijd **genomen** die ik nodig had.

I **took** all the time I needed.

**772. Leek – Seemed**

Het **leek** van veraf anders.

It **seemed** different from far away.

**773. Trouwens – By the way**

**Trouwens**, mijn vriendin gaat ook mee.

**By the way**, my girlfriend will be coming too.

### 774. Sterk – Strong
Zijn teksten zijn erg **sterk**.
His lyrics are very **strong**.

### 775. Spel – Game
Het **spel** wordt gespeeld met vier personen.
The **game** is played with four people.

### 776. Iedere – Every
Ik ga **iedere** week naar het strand.
I go to the beach **every** week.

### 777. Lieve – Sweet
Mijn zus is een **lieve** vrouw.
My sister is a **sweet** woman.

### 778. Geest – Ghost
Er leeft een **geest** in mijn huis.
A **ghost** lives in my house.

### 779. Shit – Shit
**Shit**, ik ben mijn boeken vergeten.
**Shit**, I forgot my books.

### 780. Gered – Saved
Hij werd **gered** door de bel.
He was **saved** by the bell.

### 781. Juiste – Right
Zij heeft de **juiste** instelling.
She has the **right** mindset.

### 782. Slaan – Hit
Je moet met de knuppel tegen de bal **slaan**.
You have to **hit** the ball with the bat.

### 783. Persoon – Person
Hij is altijd dezelfde **persoon** gebleven.

He always remained the same **person**.

### 784. Serieus – Seriously
Mijn klasgenoot is niet **serieus** te nemen.

My classmate can't be taken **seriously**.

### 785. Moordenaar – Killer
De **moordenaar** werd gepakt.

The **killer** got caught.

### 786. Sommige – Some
Op **sommige** momenten, verlies ik mijn geduld.

In **some** moments, I lose my patience.

### 787. Maand – Month
December is mijn favoriete **maand**.

December is my favorite **month**.

### 788. Helpt – Helps
Hij **helpt** mij nooit.

He never **helps** me.

### 789. Da's – That is
**Da's** een mooie hond.

**That is** a beautiful dog.

### 790. Schelen – Matter
Het zal helaas niets **schelen**.

Unfortunately it will not **matter**.

### 791. Probeert – Tries
Manuel **probeert** Nederlands te leren.

Manuel **tries** to learn Dutch.

### 792. Naast – Next To
Zijn ex woont **naast** hem.

His ex lives **next** to him.

### 793. Degene – The One
Hij is **degene** die het verpest heeft.

He is **the one** that ruined it.

### 794. Voelde – Felt
Na de operatie, **voelde** ik me beter.

After the surgery, I **felt** better.

### 795. Bestaat – Exists
Ik weet zeker dat de kerstman **bestaat**.

I am certain Santa Claus **exists**.

### 796. Dienst – Shift
Vanessa werkt niet graag een late **dienst**.

Vanessa doesn't like to work the late **shift**.

### 797. Sturen – Send
Ik ga hem bloemen **sturen**.

I'm going to **send** him flowers.

### 798. Contact – Contact
Ons **contact** is verbroken.

We lost **contact**.

### 799. Honger – Hungry
Joep heeft de hele dag **honger**.

Joep has been **hungry** all day.

### 800. Welk – Which
**Welk** programma kijk je het liefste?

**Which** show do you like watching the most?

### 801. Gevaarlijk – Dangerous
De snelweg is **gevaarlijk**.
The highway is **dangerous**.

### 802. Jammer – Unfortunate
Het is **jammer** dat de bowlingbaan is gesloten.
It's **unfortunate** that the bowling alley is closed.

### 803. Bank – Bank
Jelle heeft geen goed krediet bij zijn **bank**.
Jelle doesn't have good credit at his **bank**.

### 804. Verkeerde – Wrong
Zij valt altijd op de **verkeerde** mannen.
She always falls for the **wrong** guys.

### 805. Jong – Young
Je kunt niet altijd **jong** blijven.
You can't stay **young** forever.

### 806. Gevaar – Danger
**Gevaar** loert om de hoek.
**Danger** is around the corner.

### 807. Verdomde – Damn
Ik ben die **verdomde** gasten zat.
I'm sick of those **damn** guys.

### 808. Begonnen – Started
We zijn al **begonnen**.
We already **started**.

### 809. Ongeveer – About
Ik heb **ongeveer** vijf jaar ervaring.
I have **about** five years of experience.

### 810. Verkopen – Sell
Hij moet zijn collectie **verkopen**.
He has to **sell** his collection.

### 811. Reis – Trip
De **reis** zat vol mooie excursies.
The **trip** was full of nice excursions.

### 812. Grootste – Biggest
De **grootste** stad van Nederland is Amsterdam.
The **biggest** city in the Netherlands is Amsterdam.

### 813. Lange – Tall
Sylvia heeft een **lange** vriend.
Sylvia has a **tall** boyfriend.

### 814. Erger – Worse
Het slechte weer maakte het **erger**.
The bad weather made it **worse**.

### 815. Moe – Tired
Na het sporten, ben ik **moe**.
After working out, I'm **tired**.

### 816. Vliegtuig – Plane
Reizen met het **vliegtuig** maakt me nerveus.
Traveling by **plane** makes me nervous.

### 817. Bekend – Familiar
Ben je **bekend** met deze applicatie?
Are you **familiar** with this application?

### 818. Vliegen – Flying
Bea haat **vliegen**.
Bea hates **flying**.

**819. Generaal – General**

De **generaal** bepaalt alles.

The **general** decides everything.

**820. Gedacht – Thought**

Nooit **gedacht** dat het kon.

Never **thought** it was possible.

**821. Arme – Poor**

Er wonen veel **arme** mensen in die buitenwijk.

Lots of **poor** people live in that suburb.

**822. Lucht – Air**

De **lucht** is erg schoon in Friesland.

The **air** is very clean in Friesland.

**823. Bewijzen – Prove**

Hij wil zich **bewijzen** op het basketbalveld.

He wants to **prove** himself on the basketball court.

**824. Zo lang – So Long**

Ze kennen elkaar al **zo lang**.

They have known each other for **so long**.

**825. Lachen – Laugh**

Met hem, kun je altijd **lachen**.

With him, you can always have a **laugh**.

**826. Leuke – Nice**

Wat een **leuke** kleuren op dat behang.

What **nice** colors on that wallpaper.

**827. Hotel – Hotel**

Het Amstel **Hotel** heeft veel luxe.

The Amstel **Hotel** has a lot of luxury.

**828. Voorstellen – Introduce**

Laat ik me even **voorstellen**.

Let me **introduce** myself.

**829. Geleerd – Learned**

Ik heb veel **geleerd** van dat programma

I **learned** a lot from that program.

**830. Excuseer – Excuse**

**Excuseer** mij, alsjeblieft.

Please, **excuse** me.

**831. Moesten – Had to**

We **moesten** extreem vroeg op.

We **had to** get up extremely early.

**832. Betaald – Paid**

Nico heeft nog niet **betaald**.

Nico hasn't **paid** yet.

**833. Slechts – Only**

Die trui kost **slechts** 10 euro.

That sweater **only** costs 10 euro.

**834. Via – Via**

We gaan **via** het park.

We will go **via** the park.

**835. Rot – Rotten**

De appel is **rot**.

The apple is **rotten**.

**836. Lag – Lying**

Ik **lag** onder de zon.

I was **lying** under the sun.

**837. Speelt – Plays**

Zij **speelt** elke dag Mario Kart.

She **plays** Mario Kart every day.

**838. Vorige – Previous**

De **vorige** aflevering was spannender.

The **previous** episode was more exciting.

**839. Prijs – Price**

De **prijs** blijft maar stijgen.

The **price** keeps increasing.

**840. Stem – Voice**

Myrthe heeft de **stem** van een engel.

Myrthe has the **voice** of an angel.

**841. Vooral – Mostly**

**Vooral** op woensdag.

**Mostly** on Wednesday.

**842. Schuldig – Guilty**

Hij bleek **schuldig** aan het misdrijf.

He was proven **guilty** of the felony.

**843. Viel – Fell**

Opa **viel** van de trap.

Grandpa **fell** down the stairs.

**844. Lul – Dick**

Mijn teamgenoot is soms echt een **lul**.

My teammate is a real **dick** sometimes.

**845. Geboren – Born**

Hij is **geboren** in Suriname.

He was **born** in Suriname.

**846. Zodra – As Soon As**
**Zodra** het veilig, is vertrek ik.
**As soon as** it's safe, I will leave.

**847. Vertrouw – Trust**
Ik **vertrouw** niemand.
I don't **trust** anybody.

**848. Missen – Missing**
Ik zal haar altijd blijven **missen**.
I will keep **missing** her forever.

**849. Raar – Weird**
Dat stadje is **raar**.
That town is **weird**.

**850. Rij – Queue**
Er staat een **rij** bij the apotheek.
There is a **queue** at the pharmacy.

**851. TV – TV**
Vanessa kijkt nooit **TV**.
Vanessa never watches **TV**.

**852. Iedere – Every**
**Iedere** dag is een nieuwe kans.
**Every** day is a new opportunity.

**853. Vanwege – Due To**
**Vanwege** de mist, is het zich slecht.
**Due to** fog, the view is bad.

**854. Hel – Hell**
Hij ging door een **hel**.
He went through **hell**.

### 855. Macht – Power

De president heeft veel **macht**.

The president has lots of **power**.

### 856. Regels – Rules

De **regels** bevestigen het.

The **rules** confirm it.

### 857. Raak – Hit

Hij schoot **raak** in het net.

He **hit** the net.

### 858. Paard – Horse

Het **paard** rent enorm hard.

The **horse** runs really fast.

### 859. Geraakt – Touched

Het liedje heeft me diep **geraakt**.

The song **touched** me deeply.

### 860. Tafel – Table

We bidden aan **tafel**.

We pray at the **table**.

### 861. Kapot – Broken

De televisie is **kapot**.

The television is **broken**.

### 862. Sla – Hit

Waarom **sla** je hem?

Why do you **hit** him?

### 863. George – George

**George** is een succesvolle zakenman.

**George** is a successful businessman.

### 864. Eind – End
Ik ga door tot het **eind**.
I will keep going until the **end**.

### 865. Drugs – Drugs
Sommige **drugs** zijn legaal in Nederland.
Some **drugs** are legal in the Netherlands.

### 866. Raad – Guess
Ik **raad** de loterij getallen nooit goed.
I never correctly **guess** the lottery numbers.

### 867. Dragen – Wearing
Het **dragen** van mooie kleuren maakt een outfit af.
**Wearing** nice colors completes an outfit.

### 868. Kende – Knew
Ik **kende** niemand op de nieuwe school.
I **knew** nobody at the new school.

### 869. Dame – Lady
Zij gedraagt zich als een echte **dame**.
She behaves like a real **lady**.

### 870. Gelooft – Believes
Tina **gelooft** in meditatie.
Tina **believes** in meditation.

### 871. Ziel – Soul
Ze heeft een prachtige **ziel**.
She has a beautiful **soul**.

### 872. Gefeliciteerd – Congratulations
**Gefeliciteerd** met je dochter.
**Congratulations** with your daughter.

### 873. Geprobeerd – Tried
Ik heb **geprobeerd** het te maken.
I **tried** to fix it.

### 874. Trekken – Pulling
Door te **trekken,** gaat de deur open.
By **pulling,** the door opens.

### 875. Amerika – America
**Amerika** heeft vijftig staten.
**America** has fifty states.

### 876. Werkte – Worked
Ik **werkte** als kapper.
I **worked** as a hairdresser.

### 877. Kolonel – Colonel
De **kolonel** heeft de leiding over veel mensen.
The **colonel** is in charge of a lot of people.

### 878. Tom – Tom
**Tom** is gek op basketbal.
**Tom** loves basketball.

### 879. Zwaar – Heavy
De gewichten zijn **zwaar**.
The weights are **heavy**.

### 880. Rug – Back
Zij is aan haar **rug** geopereerd.
She had **back** surgery.

### 881. Gisteravond – Last Night
We hebben **gisteravond** een date gehad.
We had a date **last night**.

### 882. Sleutel – Key
De **sleutel** past niet.
The **key** doesn't fit.
### 883. Bal – Ball
Dit is de laatste **bal**.
This is the last **ball**.
### 884. Wet – Law
Hij volgt niet graag de **wet**.
He doesn't like to follow the **law**.
### 885. Kost – Costs
Weet jij hoeveel dit **kost**?
Do you know how much this **costs**?
### 886. Duurt – Takes
Mijn huiswerk maken **duurt** erg lang.
Making my homework **takes a** really long time.
### 887. Huwelijk – Marriage
Dit is het tweede **huwelijk** van Jim.
This is Jim's second **marriage**.
### 888. Gezin – Family
Mijn eigen **gezin** maakt me erg gelukkig.
My own **family** makes me really happy.
### 889. Gebracht – Brought
Ik heb John naar karateles **gebracht**.
I **brought** John to karate class.
### 890. Kaart – Map
De **kaart** laat zien hoe groot Californië is.
The **map** shows how big California is.

**891. Raken – Affect**

Wat je ook zegt, het zal me niet **raken**.

Whatever you say, it won't **affect** me.

**892. Volg – Follow**

Ik **volg** veel beroemdheden op Facebook.

I **follow** many celebrities on Facebook.

**893. Kerk – Church**

Op zondagen, gaan we naar de **kerk**.

On Sundays, we go to **church**.

**894. Zweer – Swear**

Ik **zweer** het op alles.

I **swear** on everything.

**895. Band – Tire**

Sienna heeft een lekke **band**.

Sienna has a flat **tire**.

**896. Arm – Poor**

Hij groeide **arm** op.

He grew up **poor**.

**897. Rijk – Rich**

Het verkopen van zijn bedrijf maakte hem **rijk**.

Selling his business made him **rich**.

**898. Komaan – Come on**

**Komaan**, probeer het opnieuw!

**Come on**, try it again!

**899. Zul – Will**

Daar **zul** je hem hebben.

There you **will** have him.

### 900. Joe – Joe
**Joe** is een goede kok.
**Joe** is a good cook.

### 901. Belde – Called
Ik **belde** wekelijks met mijn moeder.
I **called** my mom every week.

### 902. Jonge – Young
Hans is gek op **jonge** kaas.
Hans loved **young** cheese.

### 903. Daarvoor – Therefore
**Daarvoor,** is het belangrijk de richtlijnen te volgen.
**Therefore,** it's important to follow the guidelines.

### 904. Totdat – Until
**Totdat** ik beter ben ga ik niet naar buiten.
I won't go outside **until** I'm better.

### 905. Grapje – Joke
Dat **grapje** begreep niemand.
Nobody understood that **joke**.

### 906. Namen – Names
**Namen** en nummers.
**Names** and numbers.

### 907. Tuurlijk – Of Course
Ja, **tuurlijk**.
Yes, **of course**.

### 908. Dromen – Dreams
In mijn **dromen,** ben ik een popster.
In my **dreams,** I'm a pop star.

### 909. Wagen – Car
Ik vind die Ford een mooie **wagen**.
I think that Ford is a nice **car**.

### 910. Dom – Stupid
Je moet wel erg **dom** zijn om dat niet te begrijpen.
You have to be really **stupid** not to understand that.

### 911. Vertelt – Tells
Jan **vertelt** een verhaal bij het kampvuur.
Jan **tells** a story by the campfire.

### 912. Geweldige – Great
Pinkpop heeft een **geweldige** lineup.
Pinkpop has a **great** lineup.

### 913. Doel – Goal
Het **doel** is om te winnen.
The **goal** is to win.

### 914. Regel – Rule
De **regel** is altijd hetzelfde.
The **rule** is always the same.

### 915. Ruimte – Space
Een raket gaat de **ruimte** in.
A rocket goes into **space**.

### 916. Stierf – Died
Hij **stierf** in haar armen.
He **died** in her arms.

### 917. Tenzij – Unless
Ik doe het niet **tenzij** het echt goed betaald.
I won't do it **unless** it pays really well.

### 918. Zo ver – So Far
Australië is overal **zo ver** vandaan.
Australia is **so far** from everywhere.

### 919. Ter – In
**Ter** aanvulling, stuur ik een e-mail.
**In** addition, I will send an e-mail.

### 920. Meter – Meter
Elke **meter** is dichterbij de finish.
Every **meter** is closer to the finish.

### 921. David – David
**David** is blij met zijn fiets.
**David** is happy with his bicycle.

### 922. Harry – Harry
De tuin wordt door **Harry** onderhouden.
The garden is maintained by **Harry**.

### 923. Dronken – Drinking
Ze **dronken** in de kroeg.
They were **drinking** in the bar.

### 924. Zoekt – Searching
Vanessa **zoekt** een nieuwe baan.
Vanessa is **searching** for a new job.

### 925. Derde – Third
De **derde** dag is het moeilijkst.
The **third** day is the hardest.

### 926. Herinneren – Remind
Ze **herinneren** mij er regelmatig aan.
They **remind** me of it regularly.

**927. Teken – Sign**

Zij gaven het **teken** om te stoppen.

They gave the **sign** to stop.

**928. Relatie – Relationship**

Zij hebben een open **relatie**.

They have an open **relationship**.

**929. Gedachten – Thoughts**

Mijn **gedachten** zijn bij de slachtoffers.

My **thoughts** are with the victims.

**930. Rust – Rest**

**Rust** zacht.

**Rest** in peace.

**931. Ouwe – Old**

Het is een **oude** molen.

It's an **old** mill.

**932. Gestuurd – Sent**

De brief werd **gestuurd**.

The letter was **sent**.

**933. Groep – Group**

De **groep** gaat samen verder.

The **group** continues together.

**934. Nadat – After**

Hij werd ziek **nadat** het koud werd.

Hij got sick **after** it got cold.

**935. Kwalijk – Bad**

De zaak is erg **kwalijk**.

The case is very **bad**.

**936. Eer – Honor**

Het was een **eer** om te dienen.

It was an **honor** to serve.

**937. Gemist – Missed**

Ik heb de uitzending volledig **gemist**.

I completely **missed** the broadcast.

**938. Zeiden – Said**

Ze **zeiden** steeds iets anders.

They constantly **said** something else.

**939. Lijk – Look**

Ik **lijk** erg veel op mijn vader.

I **look** a lot like my dad.

**940. Keek – Watched**

Hij **keek** uren naar *Breaking Bad*.

He **watched** *Breaking Bad* for hours.

**941. Gewerkt – Worked**

Mijn tante en vriendin hebben tegelijk **gewerkt**.

My aunt and girlfriend **worked** together.

**942. Ok – Ok**

Het is **ok**.

It's **ok**.

**943. Heerlijk – Delicious**

Die biefstuk was **heerlijk**.

That steak was **delicious**.

**944. Brief – Letter**

De **brief** ontroerde me diep.

The **letter** moved me deeply.

**945. Punt – Point**

Hij heeft een goed **punt**.

He has a valid **point**.

**946. Gooi – Throw**

**Gooi** het in de prullenbak.

**Throw** it in the trash can.

**947. Sneller – Faster**

De Wi-Fi wordt steeds **sneller**.

The Wi-Fi keeps getting **faster**.

**948. Kont – Ass**

Mijn **kont** doet zeer van die oefeningen.

My **ass** hurts from those exercises.

**949. Mijne – Mine**

Zij wordt de **mijne**.

She will be **mine**.

**950. Deden – Did**

Ze **deden** alles fout.

They **did** everything wrong.

**951. Bedrijf – Company**

Het **bedrijf** heeft nieuwe werknemers.

The **company** has new employees.

**952. Trein – Train**

De **trein** naar Schiphol vertrekt elk kwartier.

The **train** to Schiphol leaves every fifteen minutes.

**953. Vanuit – From**

Ik werk vandaag **vanuit** huis.

I will work **from** home today.

### 954. Rennen – Running
De marathon **rennen** is erg zwaar.
**Running** a marathon is very tough.

### 955. Onmogelijk – Impossible
Het is **onmogelijk** om naar huis te gaan.
It's **impossible** to go home.

### 956. Regelen – Arranging
We zijn de overdracht aan het **regelen**.
We are **arranging** the handover.

### 957. Oma – Grandma
Mijn **oma** houdt van bordspelletjes.
My **grandma** loves board games.

### 958. Spreekt – Speaks
Het **spreekt** voor zich.
It **speaks** for itself.

### 959. Wedstrijd – Game
De **wedstrijd** is erg belangrijk.
The **game** is very important.

### 960. Waarvoor – What For
**Waarvoor** heb je voor die universiteit gekozen?
**What** did you choose that university **for**?

### 961. Gelezen – Read
Ik heb veel biografieën **gelezen**.
I have **read** many memoirs.

### 962. Haast – Rush
Mensen in Nederland hebben altijd **haast**.
People in the Netherlands are always in a **rush**.

**963. Sheriff – Sheriff**

Zij is de **sheriff** van een kleine stad in Nebraska.=

She is the **sheriff** of a small town in Nebraska.

**964. Controle – Check**

De beveiligings**controle** op het vliegveld is verhoogd.

The security **check** at the airport is increased.

**965. Speel – Play**

Ik **speel** graag monopoly.

I like to **play** monopoly.

**966. Gewonnen – Won**

Hij heeft in zijn carrière veel **gewonnen**.

He has **won** a lot throughout his career.

**967. Volk – People**

Het Nederlandse **volk** is gek op kaas.

The Dutch **people** love cheese.

**968. Zuster – Nurse**

De **zuster** werkt op de intensive care.

The **nurse** works in intensive care.

**969. Welterusten – Goodnight**

**Welterusten**, slaap lekker.

**Goodnight**, sleep well.

**970. Amerikaanse – American**

De **Amerikaanse** vlag heeft vijftig sterren.

The **American** flag has fifty stars.

**971. Liep – Walked**

Ik **liep** alleen door Manhattan.

I **walked** through Manhattan alone.

### 972. Schoenen – Shoes
Leren **schoenen** staan mooi onder een pak.
Leather **shoes** look nice under a suit.

### 973. Warm – Warm
Ik heb zin in een **warm** bad.
I would love a **warm** bath.

### 974. Raam – Window
Doe het **raam** dicht.
Close the **window**.

### 975. Situatie – Situation
De **situatie** verbetert niet.
The **situation** ain't improving.

### 976. Ach – Ah
**Ach**, wat maakt het uit?
**Ah**, what does it matter?

### 977. Direct – Directly
Bestel het **direct** online.
Order it **directly** online.

### 978. Beloofd – Promised
Op tijd, zoals **beloofd**.
On time, as **promised**.

### 979. Seconden – Seconds
Hij was twee **seconden** sneller.
He was two **seconds** faster.

### 980. Drink – Drink
Ik **drink** graag een Mojito.
I like to **drink** a Mojito.

### 981. Vannacht – Tonight

Ik heb **vannacht** niet goed geslapen.

I did not sleep well **tonight**.

### 982. Neus – Nose

Mijn **neus** is erg klein.

My **nose** is very small.

### 983. Respect – Respect

Hij spreekt met veel **respect** over zijn ouders.

He speaks about his parents with a lot of **respect**.

### 984. Zulke – Such

Waar kun je **zulke** apparaten vinden?

Where can you find **such** devices?

### 985. Rood – Red

**Rood** is mijn favoriete kleur.

**Red** is my favorite color.

### 986. Kalm – Calm

Het water is **kalm**.

The water is **calm**.

### 987. Helaas – Unfortunately

**Helaas,** is het voorbij.

**Unfortunately,** it's over.

### 988. Angst – Fear

**Angst** is niet nodig.

**Fear** is not necessary.

### 989. Maat – Size

Dave heeft een grote **maat** schoenen.

Dave's shoes are a large **size**.

**990. Uitleggen – Explain**

Kun je het me nog eens **uitleggen**?

Can you **explain** it to me again?

**991. Delen – Sharing**

Hij houdt van foto's op social media **delen**.

He loves **sharing** pictures on social media.

**992. Leggen – Putting**

Vind je het erg om het bij mij voor de deur te **leggen**?

Would you mind **putting** it in front of my door?

**993. Lijn – Line**

De **lijn** is vervaagd.

The **line** has faded.

**994. Zon – Sun**

De **zon** is fel in Florida.

The **sun** is bright in Florida.

**995. Moeite – Effort**

Hij doet niet graag **moeite**.

He doesn't like to make an **effort**.

**996. Links – Left**

In Australië, rijden ze **links**.

In Australia, they drive on the **left** side.

**997. Verleden – Past**

Het **verleden** biedt geen garanties voor de toekomst.

The **past** does not offer any guarantees for the future.

**998. Oog – Eye**

Mijn **oog** doet zeer.

My **eye** hurts.

**999. Diep – Deep**

De oceaan is erg **diep**.

The ocean is very **deep**.

# Chapter 5

**1000. Gebouw – Building**

Het Rockefeller Center is een hoog **gebouw**.

The Rockefeller Center is a tall **building**.

**1001. Geschreven – Wrote**

Hij heeft een roman **geschreven**.

He **wrote** a novel.

**1002. Knap – Handsome**

Die man is **knap**.

That guy is **handsome**.

**1003. Spul – Stuff**

Dat **spul** is enorm sterk.

That **stuff** is really strong.

**1004. Zee – Sea**

Noord-Holland ligt aan **zee**.

North Holland is by the **sea**.

**1005. Benen – Legs**

Hij traint vaak zijn **benen**.

He trains his **legs** often.

**1006. Lastig – Hard**

De toets is **lastig**.

The test is **hard**.

**1007. Michael – Michael**

**Michael** Jordan is de beste basketbalspeler ooit.

**Michael** Jordan is the best basketball player ever.

**1008. Onderweg – On The Way**

We zijn **onderweg**.

We are **on the way**.

**1009. Broek – Pants**

Zonder **broek**, ga ik het huis niet uit.

Without **pants**, I don't leave the house.

**1010. Professor – Professor**

De **professor** werkt aan een nieuw medicijn.

The **professor** is working on a new medicine.

**1011. Hangt – Hangs**

De poster **hangt** op haar kamer.

The poster **hangs** in her room.

**1012. Eikel – Acorn**

De **eikel** valt niet ver van de boom.

The **acorn** doesn't fall far from the tree.

**1013. Bureau – Desk**

Een goed **bureau** mag op kantoor niet ontbreken

A good **desk** is mandatory at the office.

**1014. Boeken – Books**

De bibliotheek in Rotterdam heeft duizenden **boeken**.

The library in Rotterdam has thousands of **books**.

**1015. Muur – Wall**

De Chinese **Muur** is enorm lang.

The Great **Wall** of China is really long.

**1016. Lijst – List**

Ik heb een **lijst** met boodschappen.

I have a **list** of groceries.

**1017. Vuile – Dirty**

De **vuile** was ligt er al twee weken.

The **dirty** laundry has been there for two weeks.

**1018. Weggaan – Leave**

I kan niet bij mijn bank **weggaan**.

I can't **leave** my bank.

**1019. Bleef – Stayed**

Hij **bleef** een week in de Airbnb.

He **stayed** for a week at the Airbnb.

**1020. Keuze – Choice**

Er is veel **keuze**.

There is a lot of **choice**.

**1021. Les – Class**

Arnold was te laat voor de **les**.

Arnold was late for **class**.

**1022. Gebroken – Broken**

Mijn hart is **gebroken**.

My heart is **broken**.

### 1023. Draai – Turn
Ik **draai** me om.
I will **turn** around.

### 1024. Verdwenen – Disappeared
Alle kantoorspullen zijn **verdwenen**.
All the office supplies have **disappeared**.

### 1025. Meiden – Girls
De meeste cheerleaders zijn **meiden**.
Most cheerleaders are **girls**.

### 1026. Helft – Half
Het product was afgeprijsd voor de **helft** van de prijs.
The product was **half** the price.

### 1027. Sluit – Closes
Weet jij wanneer de discotheek **sluit**?
Do you know when the club **closes**?

### 1028. Zingen – Sing
We **zingen** gezamenlijk op het koor.
We **sing** together in the choir.

### 1029. Partner – Partner
Hij werd een **partner** op kantoor.
He became a **partner** at the office.

### 1030. Lift – Elevator
De **lift** gaat vaak kapot.
The **elevator** often breaks down.

### 1031. Meeste – Most
Zijn team heeft de **meeste** kampioenschappen.
His team has the **most** championships.

**1032. Gelukt – Worked out**

Gelukkig is het allemaal **gelukt**.

Luckily it all **worked out**.

**1033. Beide – Both**

Ze werden **beide** veroordeeld.

They were **both** convicted.

**1034. Gevallen – Cases**

In de meeste **gevallen**, liep het goed af.

In most **cases**, it ended well.

**1035. Winkel – Store**

De **winkel** is zeven dagen per week geopend.

The **store** is open seven days a week.

**1036. Bevel – Order**

Dit is een **bevel**!

This is an **order**!

**1037. Vrede – Peace**

**Vrede** is niet overal.

**Peace** is not everywhere.

**1038. Bob – Bob**

**Bob** speelt graag games.

**Bob** loves playing games.

**1039. Meester – Master**

Hij is een **meester** in vechtsporten.

He is a **master** in martial arts.

**1040. Bus – Bus**

De **bus** naar Utrecht gaat elke tien minuten.

The **bus** to Utrecht leaves every ten minutes.

**1041. Hoeven – Have**

We **hoeven** niet naar training.

We don't **have** to go to practice.

**1042. Donker – Dark**

Het is **donker** buiten.

It's **dark** outside.

**1043. Bereiken – Achieve**

We willen grote dingen **bereiken**.

We want to **achieve** great things.

**1044. Gekocht – Bought**

Ik heb nieuwe velgen **gekocht**.

I **bought** new rims.

**1045. Negen – Nine**

Zij heeft **negen** paar schoenen.

She has **nine** pairs of shoes.

**1046. Jimmy – Jimmy**

**Jimmy** komt graag in Madurodam.

**Jimmy** likes going to Madurodam.

**1047. Hopelijk – Hopefully**

**Hopelijk**, is deze crisis snel voorbij.

**Hopefully**, this crisis is over soon.

**1048. Tijdje – While**

Hij zit al een **tijdje** opgesloten.

He has been locked up for a **while**.

**1049. Ruzie – Fight**

Die **ruzie** is al jaren aan de gang.

That **fight** has been going on for years.

**1050. Verdienen – Earn**
In zijn nieuwe functie, gaat hij meer **verdienen**.
In his new position, he will **earn** more.

**1051. Ongelooflijk – Unbelievable**
De resultaten zijn **ongelooflijk**.
The results are **unbelievable**.

**1052. Vlucht – Flight**
Deze **vlucht** duurt maar een uur.
This **flight** only takes an hour.

**1053. Slag – Battle**
De **slag** kostte veel levens.
The **battle** took many lives.

**1054. Interessant – Interesting**
Natuurkunde is zeer **interessant**.
Physics is very **interesting**.

**1055. Betaal – Pay**
Ik **betaal** rekeningen met mijn credit card.
I pay **bills** with my credit card.

**1056. Bezoek – Visit**
Hij brengt haar elke week een **bezoek**.
He pays a **visit** to her every week.

**1057. Plannen – Plans**
De **plannen** zijn gewijzigd.
The **plans** have changed.

**1058. Ophouden – Quit**
Je moet **ophouden** met dat irritante gedrag,
You have to **quit** this annoying behavior.

### 1059. Eraf – Off
Zaag de takken **eraf**.
Cut **off** the branches.

### 1060. Rechter – Judge
De **rechter** sprak het vonnis uit.
The **judge** came forward with the verdict.

### 1061. Hoog – High
De Alpen zijn erg **hoog** gelegen.
The Alps are located really **high**.

### 1062. Slaat – Hits
Hij **slaat** vaak zijn tegenstander met boksen.
He **hits** his opponent a lot when boxing.

### 1063. Opschieten – Hurry Up
Ze moeten **opschieten** om op tijd te komen.
They have to **hurry up** to be on time.

### 1064. Persoonlijk – Personal
Die vraag is erg **persoonlijk**.
That question is really **personal**.

### 1065. Zwanger – Pregnant
Kim is voor de tweede keer **zwanger**.
Kim is **pregnant** for the second time.

### 1066. Leiden – Lead
Hij gaat de afdeling **leiden**.
He will **lead** the department.

### 1067. Gezet – Put
Zij werd op haar plaats **gezet**.
She was **put** in her place.

**1068. Achteruit – Backwards**
Ik bewoog **achteruit**.
I was moving **backwards**.

**1069. Tante – Aunt**
Mijn **tante** speelt graag tennis.
My **aunt** likes to play tennis.

**1070. Blijkbaar – Apparently**
Suzan wist er **blijkbaar** van.
**Apparently**, Suzan knew about it.

**1071. Mike – Mike**
**Mike** is een ambtenaar.
**Mike** is an official.

**1072. Vreemde – Strange**
Wat een **vreemde** vrouw.
What a **strange** woman.

**1073. Allen – All**
Met zijn **allen**!
**All** together!

**1074. Sergeant – Sergeant**
**Sergeant** worden is zijn droom.
Becoming a **sergeant** is his dream.

**1075. Goud – Gold**
Zij verkoopt vaak **goud**.
She sells a lot of **gold**.

**1076. Gesprek – Conversation**
Het **gesprek** liep ten einde.
The **conversation** came to an end.

**1077. Zelfmoord – Suicide**

De **zelfmoord** verraste iedereen.

The **suicide** surprised everybody.

**1078. Goedenavond – Good Evening**

**Goedenavond** allemaal.

**Good evening** everybody.

**1079. Leeg – Empty**

Het stadion is **leeg**.

The stadium is **empty**.

**1080. Daarvan – That**

Hoe snel kun je **daarvan** herstellen?

How fast can you recover from **that**?

**1081. Vlees – Meat**

Ik eet maar een keer per week **vlees**.

I only eat **meat** once a week.

**1082. Keus – Choice**

Het is een moeilijke **keus**.

It's a difficult **choice**.

**1083. Meestal – Mostly**

Ik ga **meestal** alleen wandelen.

I **mostly** go for a walk alone.

**1084. Agenten – Officers**

De **agenten** arresteerden haar.

The **officers** arrested her.

**1085. Schrijf – Write**

Ik **schrijf** nog brieven.

I still **write** letters.

**1086. Lees – Read**
Wat **lees** jij het meeste?
What do you **read** the most?

**1087. Feestje – Party**
Het **feestje** was zeer geslaagd.
The **party** was a lot of fun.

**1088. Bracht – Brought**
Ik **bracht** het product mee naar huis.
I **brought** the product home with me.

**1089. Verrassing – Surprise**
De **verrassing** werd verklapt.
The **surprise** was spoiled.

**1090. Camera – Camera**
Mijn **camera** heeft veel functies.
My **camera** has lots of features.

**1091. Vijand – Enemy**
Zij is mijn grootste **vijand**.
She is my biggest **enemy**.

**1092. Woon – Live**
Ik **woon** in Nijmegen.
I **live** in Nijmegen.

**1093. Gewond – Hurt**
Iedereen raakte **gewond** door de explosie.
Everyone got **hurt** because of the explosion.

**1094. Alweer – Again**
Ik ga **alweer** naar de Efteling.
I'm going to de Efteling **again**.

**1095. Extra – Extra**

Zij wil er graag **extra** friet bij.

She would like **extra** fries with that.

**1096. Gauw – Soon**

Ik ben **gauw** terug.

I will be back **soon**.

**1097. Laatste – Last**

Hij komt altijd als **laatste** aan.

He always arrives **last**.

**1098. Wijn – Wine**

Veel rode **wijn** komt uit Frankrijk.

A lot of red **wine** comes from France.

**1099. Liegen – Lie**

Ik kan er niet over **liegen**.

I can't **lie** about it.

**1100. Prachtige – Gorgeous**

Wat een **prachtige** inrichting.

What a **gorgeous** design.

**1101. Luitenant – Lieutenant**

De **luitenant** heeft de leiding.

The **lieutenant** is in charge.

**1102. Lot – Fate**

Het **lot** ligt in onze handen.

**Faith** is in our hands.

**1103. Dode – Dead**

Er ligt een **dode** muis op zolder.

There is a **dead** mouse in the attic.

**1104. Boord – Board**
Iedereen aan **boord** is blij.
Everybody on **board** is happy.

**1105. Stelen – Stealing**
Het is verboden om te **stelen**.
**Stealing** is forbidden.

**1106. Meegenomen – Brought**
Ik heb een chocoladereep **meegenomen**.
I **brought** a chocolate bar.

**1107. Bericht – Message**
Het **bericht** was erg persoonlijk.
The **message** was very personal.

**1108. Uiteindelijk – Eventually**
Hij kiest **uiteindelijk** zelf.
**Eventually**, he will choose.

**1109. Held – Hero**
Hij wil altijd de **held** zijn.
He always wants to be the **hero**.

**1110. Kiezen – Choose**
Je moet **kiezen**.
You have to **choose**.

**1111. Liegt – Lying**
Zij **liegt** over alles.
She's **lying** about everything.

**1112. Koningin – Queen**
De Nederlandse **koningin** heet Maxima.
The name of the Dutch **queen** is Maxima.

### 1113. Bewegen – Move
Hij weet niet hoe te **bewegen** op de dansvloer.
He doesn't know how to **move** on the dance floor.

### 1114. Wens – Wish
Ik **wens** je het beste.
I **wish** you the best.

### 1115. Max – Max
**Max** Verstappen racet voor Red Bull.
**Max** Verstappen races for Red Bull.

### 1116. Meest – Most
Ik hou het **meest** van jou.
I love you the **most**.

### 1117. Gestorven – Died
De man is in 1983 **gestorven**.
The man **died** in 1983.

### 1118. Thee – Tea
Zij drinkt graag rooibos **thee**.
She likes to drink rooibos **tea**.

### 1119. Zaten – Sat
Ze **zaten** in de zon.
They **sat** in the sun.

### 1120. Radio – Radio
Ik luister altijd **Radio** 538.
I always listen to **Radio** 538.

### 1121. IJs – Ice
Het **ijs** is in goede staat.
The **ice** is in good condition.

**1122. Sluiten – Close**

De bazaar gaat vroeg **sluiten**.

The bazaar will **close** early.

**1123. Rechts – Right**

Hij is **rechts**.

He is **right**.

**1124. Alex – Alex**

Gaat **Alex** met ons mee naar Dierenpark Emmen?

Is **Alex** joining us to Dierenpark Emmen?

**1125. Meenemen – Take**

Ik zal het eten **meenemen**.

I will **take** the food with me.

**1126. Vonden – Found**

We **vonden** de schat.

We **found** the treasure.

**1127. Bekijken – Watch**

We **bekijken** graag misdaadseries.

We like to **watch** crime series.

**1128. Belachelijk – Ridiculous**

Zijn gedrag is **belachelijk**.

His behavior is **ridiculous**.

**1129. Tas – Bag**

Ik ben mijn **tas** vergeten.

I forgot my **bag**.

**1130. Gebied – Area**

Twente is mijn favoriete **gebied**.

Twente is my favorite **area**.

**1131. Krant – Newspaper**

De Telegraaf is een grote **krant**.

De Telegraaf is a big **newspaper**.

**1132. Boodschap – Message**

De **boodschap** was duidelijk.

The **message** was clear.

**1133. Voeten – Feet**

Ik heb koude **voeten**.

I have cold **feet**.

**1134. Godsnaam – God's Sake**

Wat dacht je in **Godsnaam**?

For **God's sake**, what were you thinking?

**1135. Aangenaam – Pleasant**

Deze dag was erg **aangenaam**.

This day was very **pleasant**.

**1136. Gepakt – Caught**

Ondanks zijn schuilplaats, werd hij **gepakt**.

Despite his hideout, he still got **caught**.

**1137. Nek – Neck**

Zij verrekte een spier in haar **nek**.

She pulled a muscle in her **neck**.

**1138. Geregeld – Regularly**

Ik kom **geregeld** bij hem thuis.

I **regularly** go to his house.

**1139. Adres – Address**

Wat is haar **adres**?

What is her **address**?

### 1140. Opa – Grandpa
Mijn **opa** is 82 jaar oud.
My **grandpa** is 82 years old.

### 1141. Zwart – Black
De kamer heeft **zwarte** gordijnen.
The room has **black** curtains.

### 1142. Wisten – Knew
Zij **wisten** dat de auto was gestolen.
They **knew** the car was stolen.

### 1143. Glas – Glass
Het bier wordt uit een speciaal **glas** gedronken.
The beer is drunk from a special **glass**.

### 1144. Positie – Position
Hij vergrootte zijn **positie** in het aandeel.
He increased his **position** in the stock.

### 1145. Raakt – Touches
Het **raakt** me elke keer weer.
It **touches** me again and again.

### 1146. Belt – Calls
Zij **belt** me iedere dag.
She **calls** me every day.

### 1147. Slaapt – Sleeps
Hij **slaapt** altijd op zijn zij.
He always **sleeps** on his side.

### 1148. Bestaan – Exist
Zonder sponsors, kan de club niet **bestaan**.
Without sponsors, the club can't **exist**.

**1149. Speciale – Special**

Haar verjaardag is een **speciale** dag.

Her birthday is a **special** day.

**1150. Getuige – Witness**

Hij was **getuige** tijdens de rechtszaak.

He was a **witness** during the court case.

**1151. Aandacht – Attention**

Mia houdt van **aandacht**.

Mia loves **attention**.

**1152. Londen – London**

**Londen** heeft veel mooie bezienswaardigheden.

**London** has lots of beautiful sights.

**1153. Haalt – Picks**

Hij **haalt** elke dag zijn collega op.

He **picks** up his colleague every day.

**1154. Verkocht – Sold**

De bank is **verkocht**.

The couch is **sold**.

**1155. Regering – Government**

Ik ben blij met onze **regering**.

I'm happy with our **government**.

**1156. Klote – Sucks**

Dat is **klote**!

That **sucks**!

**1157. Deal – Deal**

De **deal** ging om miljarden.

The **deal** was about billions.

**1158. Tony – Tony**

**Tony** Montana is een bekend filmpersonage.

**Tony** Montana is a famous movie character.

**1159. Twintig – Twenty**

Richard heeft meer dan **twintig** auto's.

Richard has over **twenty** cars.

**1160. Rekening – Account**

Zij heeft een **rekening** bij de Rabobank.

She has an **account** with the Rabobank.

**1161. Gast – Guest**

Elke **gast** is tevreden over het hotel.

Every **guest** is satisfied with the hotel.

**1162. Kennis – Knowledge**

Zijn **kennis** van biologie is groot.

His **knowledge** of biology is significant.

**1163. Verdient – Deserves**

Louise **verdient** die promotie.

Louise **deserves** that promotion.

**1164. Sleutels – Keys**

Ik ben mijn **sleutels** kwijt.

I lost my **keys**.

**1165. Lol – Fun**

We hebben altijd **lol** samen.

We always have **fun** together.

**1166. Show – Show**

De **show** in Carré was geweldig.

The **show** in Carré was amazing.

**1167. Weekend – Weekend**

In het **weekend**, ben ik vrij.

On the **weekend**, I am off.

**1168. Jurk – Dress**

Een blauwe **jurk**.

A blue **dress**.

**1169. Rode – Red**

De **Rode** Zee ligt by Egypte.

The **Red** Sea is located near Egypt.

**1170. Vakantie – Vacation**

Terwijl ik op **vakantie**, ben doe ik helemaal niets.

While on **vacation**, I don't do anything at all.

**1171. Groter – Bigger**

Haar kledingkast wordt alsmaar **groter**.

Her wardrobe keeps getting **bigger**.

**1172. Knul – Chap**

Juan is een fijne **knul**.

Juan is a nice **chap**.

**1173. Levend – Alive**

Ze willen de voortvluchtige **levend** hebben.

They want to have the fugitive **alive**.

**1174. Gezeten – Sat**

We hebben naast elkaar **gezeten**.

We **sat** next to each other.

**1175. Parijs – Paris**

Het Louvre is in **Parijs**.

The Louvre is in **Paris**.

**1176. Hangen – Hanging**

Mijn kleren **hangen** te drogen.

My clothes are **hanging** to dry.

**1177. Geweer – Rifle**

Wat een groot **geweer**.

What a big **rifle**.

**1178. Gehouden – Kept**

Hij heeft zijn woord **gehouden**.

He **kept** his word.

**1179. Gehaald – Achieved**

Ik heb mijn doel **gehaald**.

I **achieved** my goal.

**1180. Dak – Roof**

Het optreden was op het **dak**.

The show was on the **roof**.

**1181. Ontslagen – Fired**

Iedereen werd **ontslagen**.

Everyone got **fired**.

**1182. Huilen – Crying**

Ik zal stoppen met **huilen**.

I will stop **crying**.

**1183. Werkelijk – Truly**

Het is **werkelijk** ongelofelijk.

It's **truly** unbelievable.

**1184. Dieren – Animals**

Alle **dieren** zijn losgelaten.

All **animals** are released.

**1185. Engels – English**
Ik kijk altijd films in het **Engels**.
I always watch movies in **English**.

**1186. Doorgaan – Get On**
Je moet **doorgaan** met je leven.
You have to **get on** with your life.

**1187. Stelt – States**
Hij **stelt** dat het goed met hem gaat.
He **states** that he is doing well.

**1188. Verschil – Difference**
Het **verschil** zit hem in the details.
The **difference** is in the details.

**1189. Ma – Ma**
**Ma** is er altijd voor me.
**Ma** is always there for me.

**1190. Verdorie – Damn It**
Je stelt me **verdorie** altijd teleur.
**Damn it**; you always disappoint me.

**1191. Rol – Role**
Hij schikt zich in zijn **rol**.
He settled in his **role**.

**1192. Paul – Paul**
**Paul** McCartney is mijn favoriete Beatle.
**Paul** McCartney is my favorite Beatle.

**1193. Draagt – Carries**
Hij **draagt** altijd alle bestellingen.
He always **carries** all the orders.

**1194. Dorp – Village**

Het **dorp** heeft 300 inwoners.

The **village** has 300 residents.

**1195. Teveel – Too Much**

Het wordt me soms **teveel**.

Sometimes it's **too much** for me.

**1196. Dol – Crazy**

Zij is **dol** op makeup.

She is **crazy** about makeup.

**1197. Bar – Bar**

Die **bar** is mijn tweede huis.

That **bar** is my second home.

**1198. Gestoord – Insane**

Die theorie is echt **gestoord**.

That theory is really **insane**.

**1199. Been – Leg**

Mijn **been** is erg gebruind.

My **leg** is very tanned.

**1200. Sprak – Spoke**

Ik **sprak** voor mijn beurt.

I **spoke** out of turn.

**1201. Last – Burden**

Haar reputatie is een **last**.

Her reputation is a **burden**.

**1202. Waarop – Upon Which**

Dat is het moment **waarop** ik vertrok.

That was the moment **upon which** I left.

### 1203. Missie – Mission
**Missie** geslaagd.
**Mission** accomplished.

### 1204. Bier – Beer
Heineken is mijn **bier**.
Heineken is my **beer**.

### 1205. Ontdekt – Discovered
Hij werd **ontdek**t door de scout.
He was **discovered** by the scout.

### 1206. Peter – Peter
**Peter** gaat vissen op het meer.
**Peter** will go fishing on the lake.

### 1207. Reet – Ass
Ga op je **reet** zitten!
Sit your **ass** down!

### 1208. Adem – Breath
Mijn **adem** ruikt altijd lekker.
My **breath** always smells nice.

### 1209. Soldaat – Soldier
Als **soldaat**, deed hij veel missies.
As a **soldier**, he went on many missions.

### 1210. Inspecteur – Inspector
Zijn werk als **inspecteur** is erg veeleisend.
His job as an **inspector** is very demanding.

### 1211. Keuken – Kitchen
Iris heeft een nieuwe **keuken**.
Iris has a new **kitchen**.

**1212. Gasten – Guests**
De bed and breakfast heeft veel **gasten**.
The bed and breakfast has lots of **guests**.

**1213. Simpel – Simple**
De som oplossen is **simpel**.
Solving the sum is **simple**.

**1214. Rivier – River**
De Maas is een **rivier**.
De Maas is a **river**.

**1215. Kat – Cat**
Mijn **kat** is gestoord.
My **cat** is insane.

**1216. Majoor – Major**
Zijn rang in het leger was **majoor**.
His rank in the army was **major**.

**1217. Ineens – Suddenly**
De uitkomst was **ineens** veranderd.
The outcome **suddenly** changed.

**1218. Geschiedenis – History**
Ik leer graag over de **geschiedenis** van de Romeinen.
I like to learn about the **history** of the Romans.

**1219. Zagen – Saw**
We **zagen** hem nooit meer.
We never **saw** him again.

**1220. Eddie – Eddie**
**Eddie** Vedder is mijn favoriete muzikant.
**Eddie** Vedder is my favorite musician.

**1221. Excuses – Apologies**

**Excuses** voor het ongemak.

**Apologies** for the inconvenience.

**1222. Beest – Beast**

Belle en het **Beest**.

Beauty and the **Beast**.

**1223. Vrijheid – Freedom**

Ze hebben hard gevochten voor hun **vrijheid**.

They fought hard for their **freedom**.

**1224. Slot – Lock**

Het **slot** is kapot.

The **lock** is broken.

**1225. Vanmorgen – This Morning**

Ik ging **vanmorgen** joggen.

I went jogging **this morning**.

**1226. Boel – Mess**

Wat een dolle **boel**.

What a hot **mess**.

**1227. Trouw – Faithful**

Hij bleef haar altijd **trouw**.

He was always **faithful** to her.

**1228. Ring – Ring**

De **ring** is schitterend.

The **ring** is beautiful.

**1229. Club – Club**

Ik kom elke week bij mijn **club**.

I visit my **club** every week.

1230. Gesloten – Closed
Die gelegenheid is voorgoed **gesloten**.
That establishment is **closed** forever.

1231. Trap – Stairway
De **trap** mist een trede.
The **stairway** is missing a step.

1232. Henry – Henry
**Henry** is met pensioen.
**Henry** is retired.

1233. Boom – Tree
De **boom** staat in mijn tuin.
The **tree** is in my backyard.

1234. Hiermee – With This
**Hiermee**, kun je alles verbeteren.
**With this**, you can improve everything.

1235. Waarmee – What to
**Waarmee** kun je het vergelijken?
**What** can you compare it to?

1236. Begraven – Buried
Hij werd gisteren **begraven**.
He was **buried** yesterday.

1237. Kus – Kiss
Zij gaf me een **kus**.
She gave me a **kiss**.

1238. Bedoelde – Meant
Ik **bedoelde** wat anders.
I **meant** something different.

**1239. Betrokken – Involved**

Hij is nauw **betrokken** bij de vereniging.

He is very **involved** with the club.

**1240. Soldaten – Soldiers**

De **soldaten** mochten naar huis.

The **soldiers** got to go home.

**1241. Enig – Lovely**

Wat een **enig** armbandje.

What a **lovely** bracelet.

**1242. Stukje – Piece**

Mag ik een **stukje**?

Can I have a **piece**?

**1243. Vertrek – Departure**

Het **vertrek** is uitgesteld.

The **departure** is postponed.

**1244. Slachtoffer – Victim**

Het **slachtoffer** bleef anoniem.

The **victim** remained anonymous.

**1245. Eiland – Island**

Terschelling is een **eiland**.

Terschelling is an **island**.

**1246. Armen – Arms**

Hij viel in mijn **armen**.

He fell into my **arms**.

**1247. Verjaardag – Birthday**

Mijn **verjaardag** is op 26 februari.

My **birthday** is on February 26.

**1248. Aantal – Number**

Het **aantal** gevallen stijgt.

The **number** of cases is rising.

**1249. Honden – Dogs**

De **honden** rennen in het park.

The **dogs** are running in the park.

# Chapter 6

**1250. Dachten – Thought**

We **dachten** dat het kon.

We **thought** it was possible.

**1251. Bom – Bomb**

De **bom** explodeerde.

The **bomb** exploded.

**1252. Draaien – Turn**

Je moet aan de knop **draaien**.

You have to **turn** the knob.

**1253. Stoel – Chair**

De **stoel** is oud.

The **chair** is old.

**1254. Verandert – Changes**

Wat **verandert** er nu?

What **changes** now?

**1255. Vergeef – Forgive**
**Vergeef** je me?
Will you **forgive** me?

**1256. Betere – Better**
Er komen **betere** tijden aan.
**Better** times are coming.

**1257. Bek – Mouth**
Houd je **bek** dicht!
Shut your **mouth**!

**1258. Sarah – Sarah**
**Sarah** heeft een nieuwe handtas.
**Sarah** has a new handbag.

**1259. Cool – Cool**
Die gast is **cool**.
That dude is **cool**.

**1260. Grap – Joke**
Ik snap die **grap** niet.
I don't get that **joke**.

**1261. Langzaam – Slowly**
**Langzaam** maar zeker.
**Slowly** but surely.

**1262. Indruk – Impression**
Een goede eerste **indruk** is belangrijk.
A good first **impression** is important.

**1263. Witte – White**
Het **witte** overhemd.
The **white** shirt.

**1264. Geheime – Secret**

De **geheime** missie.

The **secret** mission.

**1265. Zware – Heavy**

Het was een **zware** taak.

It was a **heavy** task.

**1266. Taxi – Cab**

Ik zal een **taxi** bellen.

I will call a **cab**.

**1267. Voet – Foot**

Mijn **voet** is opgezwollen.

My **foot** is swollen.

**1268. Bobby – Bobby**

**Bobby** is er altijd.

**Bobby** is always there.

**1269. Bezorgd – Worried**

Ik ben **bezorgd**.

I'm **worried**.

**1270. Ware – True**

Zij heeft **ware** liefde gevonden.

She found **true** love.

**1271. Gestopt – Stopped**

Het alarm is **gestopt**.

The alarm **stopped**.

**1272. Speciaal – Special**

Een **speciaal** geval.

A **special** case.

### 1273. Leer – Learn
Wat **leer** je ervan?
What do you **learn** from it?

### 1274. Gevangen – Captured
Na het onderzoek, is hij **gevangen**.
After the investigation, he was **captured**.

### 1275. Zakken – Bags
De **zakken** zaten vol met geld.
The **bags** were full of money.

### 1276. Wind – Wind
De **wind** was erg sterk.
The **wind** was very strong.

### 1277. Ontsnappen – Escape
Het is onmogelijk te **ontsnappen**.
It's impossible to **escape**.

### 1278. Orde – Orderliness
De **orde** werd hersteld.
The **orderliness** was restored.

### 1279. Vriendje – Boyfriend
Waarom is je **vriendje** niet meegegaan?
Why did your **boyfriend** not join?

### 1280. Mijnheer – Sir
**Mijnheer** de Vries zit vooraan.
**Sir** de Vries will sit in the front.

### 1281. Vis – Fish
Ik eet op zaterdag **vis**.
I eat **fish** on Saturday.

**1282. Monster – Monster**

Zij is een **monster**.

She is a **monster**.

**1283. Gat – Hole**

Het **gat** was 3 meter diep.

The **hole** was 3 meters deep.

**1284. Cel – Cell**

De **cel** was erg klein.

The **cell** was really small.

**1285. Hoek – Corner**

Ze staan op iedere **hoek**.

They are on every **corner**.

**1286. Geweten – Known**

Had ik het maar **geweten**.

I wish I had **known**.

**1287. Noemt – Calls**

Hij **noemt** haar bij haar bijnaam.

He **calls** her by her nickname.

**1288. Heus – Really**

Is het **heus** waar?

Is it **really** true?

**1289. Nadenken – Think**

Ik moet erover **nadenken**.

I have to **think** about it.

**1290. Bedanken – Thank**

Vergeet hem niet te **bedanken**.

Don't forget to **thank** him.

**1291. Kilometer – Kilometer**

De laatste **kilometer** was het zwaarst.

The last **kilometer** was the hardest.

**1292. Geslagen – Hit**

Ik heb hem nooit **geslagen**.

I never **hit** him.

**1293. Duren – Last**

Hoe lang zal het **duren**?

How long will it **last**?

**1294. Gooien – Throw**

Je moet harder **gooien**.

You have to **throw** harder.

**1295. Dichtbij – Close**

Waarom sta je zo **dichtbij**?

Why are you standing so **close**?

**1296. Schot – Shot**

Zijn **schot** was niet goed.

His **shot** was not good.

**1297. Onschuldig – Innocent**

Tot nu, toe zijn ze **onschuldig**.

So far, they are **innocent**.

**1298. Schoon – Clean**

De straten zijn erg **schoon**.

The streets are very **clean**.

**1299. Verlies – Loss**

Sterkte met het **verlies**.

Sorry for your **loss**.

**1300. Verklaring – Statement**

De **verklaring** klopt niet.

The **statement** is not right.

**1301. Klas – Class**

De **klas** luistert niet.

The **class** is not listening.

**1302. Gevecht – Fight**

Het **gevecht** duurde vijf ronden.

The **fight** lasted five rounds.

**1303. Tijden – Times**

**Tijden** veranderen.

**Times** are changing.

**1304. Kerels – Guys**

Zij zijn een stel aardige **kerels**.

They are a bunch of nice **guys**.

**1305. Getuigen – Witnesses**

De **getuigen** waren het er niet mee eens.

The **witnesses** did not agree.

**1306. Bereid – Prepared**

**Breid** je voor.

Be **prepared**.

**1307. Gewone – Normal**

Het is een **gewone** gebeurtenis.

It's a **normal** event.

**1308. Rijdt – Drives**

Hij **rijdt** altijd te hard.

He always **drives** too fast.

**1309. Blauwe – Blue**

De **blauwe** hoorn.

The **blue** horn.

**1310. Draait – Rotates**

De wereld **draait** rond.

The world **rotates**.

**1311. Totaal – Totally**

Alles is **totaal** anders.

Everything is **totally** different.

**1312. Onmiddellijk – Immediately**

Je moet **onmiddellijk** hierheen komen.

You have to come over here **immediately**.

**1313. Rood – Red**

Het tapijt is **rood**.

The carpet is **red**.

**1314. Johnny – Johnny**

**Johnny** Depp heeft veel awards gewonnen met zijn acteerwerk.

**Johnny** Depp has won many awards with his acting.

**1315. Roep – Call**

Ik **roep** hem well.

I will **call** him.

**1316. Neef – Cousin**

Mijn **neef** is een jaar ouder.

My **cousin** is one year older.

**1317. Betaalt – Pays**

Hij **betaalt** alles online.

He **pays** everything online.

**1318. Steek – Sting**

De **steek** van de wesp.

The **sting** of the wasp.

**1319. Sloeg – Hit**

Zij **sloeg** een homerun.

She **hit** a home run.

**1320. Waarover – What About**

**Waarover** hebben jullie het?

**What** are you guys talking about?

**1321. Ray – Ray**

Ik ga met **Ray** naar de sportschool.

I will go to the gym with **Ray**.

**1322. Koop – Buy**

Daar **koop** je niets voor.

You can't **buy** anything with that.

**1323. Volledig – Fully**

Alle slachtoffers herstelden **volledig**.

All victims **fully** recovered.

**1324. Passeren – Pass**

Je moet de bal vaker **passeren**.

You have to **pass** the ball more often.

**1325. Waarvan – From What**

**Waarvan** is dat afgeleid?

**From what** is that derived?

**1326. Billy – Billy**

**Billy** Joel heeft veel goeie nummers.

**Billy** Joel has many great songs.

**1327. Jas – Jacket**

Doe een **jas** aan; het is koud.

Put on a **jacket**; it's freezing.

**1328. Opeens – Suddenly**

**Opeens** verscheen hij bij mij huis.

He **suddenly** appeared at my home.

**1329. Vlug – Quickly**

Je moet het **vlug** oplossen.

You have to solve it **quickly**.

**1330. Opdracht – Task**

De **opdracht** is niet duidelijk.

The **task** is not clear.

**1331. Honderd – Hundred**

Ik heb het al **honderd** keer gezegd.

I have said it about a **hundred** times.

**1332. Wint – Wins**

Zij **wint** elk potje.

She **wins** every game.

**1333. Jim – Jim**

**Jim** Carrey is erg grappig.

**Jim** Carrey is very funny.

**1334. Computer – Computer**

Mijn **computer** is gecrashed.

My **computer** has crashed.

**1335. Steve – Steve**
**Steve** werkt bij de administratieve afdeling.
**Steve** works in the finance department.

**1336. Overleven – Survive**
Het is moeilijk **overleven**.
It's hard to **survive**.

**1337. Gepraat – Talked**
We hebben uren **gepraat**.
We **talked** for hours.

**1338. Vlak – Flat**
Nederland is erg **vlak**.
The Netherlands is very **flat**.

**1339. Vieren – Celebrate**
We **vieren** het met zijn allen.
We will **celebrate** all together.

**1340. Geholpen – Helped**
Niemand heeft ons **geholpen**.
No one **helped** us.

**1341. Tekenen – Drawing**
Zij is goed in **tekenen**.
She is good at **drawing**.

**1342. Lui – Lazy**
Vakantie maakt me **lui**.
Vacations make me **lazy**.

**1343. Ervaring – Experience**
Ik wil graag **ervaring** opdoen.
I want to gain **experience**.

**1344. Aanval – Attack**

De **aanval** werd afgeslagen.

The **attack** was repulsed.

**1345. Nick – Nick**

Waarom is **Nick** zo goed in motorcross?

Why is **Nick** so good at motocross?

**1346. Kort – Short**

Hou het **kort**.

Keep it **short**.

**1347. Geluid – Noise**

Het **geluid** is erg storend.

The **noise** is very disturbing.

**1348. Hoge – High**

We hebben **hoge** verwachtingen.

We have **high** expectations.

**1349. Toestemming – Permission**

Je moet **toestemming** vragen.

You have to ask **permission**.

**1350. Durf – Dare**

**Durf** jij dat te doen?

Would you **dare** to do that?

**1351. Papieren – Papers**

De **papieren** zijn vals.

The **papers** are false.

**1352. Richting – Direction**

We gaan de goede **richting** op.

We're going in the right **direction**.

**1353. Midden – Middle**
In het **midden**.
In the **middle**.

**1354. Noemde – Called**
Hij **noemde** het anders.
He **called** it differently.

**1355. Toevallig – Accidentally**
Ik zag het **toevallig** gebeuren.
I **accidentally** saw it happen.

**1356. Danny – Danny**
**Danny** is een goede zwemmer.
**Danny** is a good swimmer.

**1357. Springen – Jump**
Het paard kan hoog **springen**.
The horse can **jump** high.

**1358. Ballen – Balls**
Je hebt **ballen** nodig om dat te doen.
It takes **balls** to do that.

**1359. Draag – Wear**
**Draag** je altijd een sjaal?
Do you always **wear** a scarf?

**1360. Lach – Smile**
Waarom **lach** je?
Why do you **smile**?

**1361. Dankzij – Thanks To**
**Dankzij** haar, is het gelukt.
**Thanks** to her, it worked.

**1362. Code – Code**
Wat is de **code** van de kluis?
What is the **code** to the vault?

**1363. Leef – Live**
**Leef** je leven.
**Live** your life.

**1364. Neergeschoten – Shot**
Hij werd op de hoek van de straat **neergeschoten**.
He got **shot** on the corner of the street.

**1365. Rook – Smoke**
Waar **rook**, is is vuur.
Where there's **smoke**, there is fire.

**1366. Luistert – Listens**
Hij **luistert** altijd.
He always **listens**.

**1367. Zorgt – Take Care**
Daar **zorgt** ze wel voor.
She will **take care** of that.

**1368. Bos – Woods**
Ik kan uren lopen in het **bos**.
I can walk for hours in the **woods**.

**1369. Twaalf – Twelve**
Ik was **twaalf** toen ik naar de middelbare school ging.
I was **twelve** when I went to middle school.

**1370. Jake – Jake**
**Jake** eet veel teveel.
**Jake** eats way too much.

**1371. Gevoelens – Feelings**

Hij begint **gevoelens** voor haar te krijgen.

He is starting to get **feelings** for her.

**1372. Beiden – Both**

Ze gaven **beiden** niet op.

They **both** didn't give up.

**1373. Planeet – Planet**

Van welke **planeet** komt hij?

From which **planet** is he?

**1374. Belangrijke – Important**

Dit zijn de **belangrijke** punten.

These are the most **important** points.

**1375. Bill – Bill**

**Bill** Gates is de oprichter van Microsoft.

**Bill** Gates is the founder of Microsoft.

**1376. Mes – Knife**

Dat **mes** is erg scherp.

That **knife** is very sharp.

**1377. Bloemen – Flowers**

De Keukenhof staat vol met **bloemen**.

De Keukenhof is full of **flowers**.

**1378. Paarden – Horses**

De **paarden** rennen snel.

The **horses** run fast.

**1379. Sommigen – Some**

**Sommigen** waren het er niet mee eens.

**Some** people didn't agree with it.

**1380. Juffrouw – Miss**

Wil **juffrouw** Ingrid ook wat drinken?

Does **Miss** Ingrid also want something to drink?

**1381. Commandant – Commander**

De **commandant** heeft alle verantwoordelijkheid.

The **commander** has all the responsibility.

**1382. Systeem – System**

Het **systeem** is moeilijk te besturen.

The **system** is hard to navigate.

**1383. Waarin – In Which**

Dat is het stuk **waarin** het fout gaat.

That is the part **in which** it goes wrong.

**1384. Leider – Leader**

De **leider** heeft veel macht.

The **leader** has a lot of power.

**1385. Fles – Bottle**

Ik wil graag een **fles** jonge jenever.

I would like a **bottle** of jonge jenever.

**1386. Sterft – Dies**

Hij **sterft** erg ongelukkig.

He **dies** very unhappily.

**1387. Kussen – Pillow**

Ik slaap op een ergonomisch **kussen**.

I sleep on an ergonomic **pillow**.

**1388. Plaatsen – Places**

De meeste **plaatsen** zijn onbereikbaar.

Most **places** are unreachable.

**1389. Mist – Fog**

Rijden is gevaarlijk met deze **mist**.

Driving is dangerous with this **fog**.

**1390. Binnenkort – Soon**

We zien elkaar **binnenkort**.

We will see each other **soon**.

**1391. Erachter – Behind It**

Ik weet niet wat **erachter** zit.

I don't know what's **behind it**.

**1392. Gratis – Free**

Een abonnement is **gratis**.

A subscription is **free**.

**1393. Gemeen – Mean**

De meiden zijn erg **gemeen**.

The girls are very **mean**.

**1394. Beweging – Movement**

De **beweging** gaat protesteren.

The **movement** is going to protest.

**1395. Moorden – Murders**

De **moorden** werden steeds gewelddadiger.

The **murders** kept getting more violent.

**1396. Zocht – Searched**

Ik **zocht** al lang om die nieuwe lamp te vinden.

I **searched** for a long time to find that new lamb.

**1397. Prins – Prince**

**Prins** Constantijn is het broertje van Koning Willem-Alexander.

**Prince** Constantijn is the little brother of King Willem-Alexander.

**1398. Momentje – Hold On**

Een **momentje**; ik ga je doorverbinden met de juiste persoon.

**Hold on**; I will connect you with the right person.

**1399. Duivel – Devil**

Hij is verkleed als de **Duivel**.

He is dressed up like the **Devil**.

**1400. Ouder – Older**

Iedereen wordt **ouder**.

Everyone is getting **older**.

**1401. Leeftijd – Age**

**Leeftijd** is maar een getal.

**Age** is just a number.

**1402. Bezit – Possession**

Het is zijn meest kostbare **bezit**.

It's his most valuable **possession**.

**1403. Wonder – Miracle**

Het **wonder** gebeurde niet.

The **miracle** didn't happen.

**1404. Terecht – Justified**

De beslissing was **terecht**.

The decision was **justified**.

**1405. Ontbijt – Breakfast**

Het continentale **ontbijt** was heerlijk.

The continental **breakfast** was delicious.

**1406. Raakte – Hit**

Hij **raakte** een andere persoon.

He **hit** another person.

**1407. Auto's – Cars**

Er staan veel **auto's** op de sloop.

There are many **cars** in the salvage yard.

**1408. Engeland – England**

In **Engeland**, betalen ze met de Britse Pond.

In **England**, they pay with the British Pound.

**1409. Strijd – Battle**

De **strijd** is nog niet gestreden.

The **battle** is not over.

**1410. Onderzoeken – Investigations**

Alle **onderzoeken** hadden dezelfde uitkomst.

All **investigations** had the same outcome.

**1411. Vele – Many**

Er zitten **vele** kanten aan dat verhaal.

There are **many** sides to that story.

**1412. Gegeten – Ate**

We hebben met de hele familie **gegeten**.

We **ate** with the entire family.

**1413. Vernietigen – Destroy**

Ze willen alle camerabeelden **vernietigen**.

They want to **destroy** all the camera footage.

**1414. Mooiste – Most Beautiful**

Hij heeft het **mooiste** kunststuk gemaakt.

He made the **most beautiful** artwork.

**1415. Leidt – Leads**

Zij **leidt** de groep.

She **leads** the group.

**1416. Paste – Fit**

Hij gaat kijken of de spijkerbroek hem **paste**.

The pair of jeans **fit** him.

**1417. Enorm – Very**

Het spijt me **enorm**.

I'm **very** sorry.

**1418. Procent – Per cent**

De kans op regen morgen is twintig **procent**.

The chances of rain tomorrow are twenty **per cent**.

**1419. Blanke – White Person**

Er woont een **blanke** naast mij.T

here is a **white person** living next to me.

**1420. Enorme – Huge**

Hij heeft een **enorme** neus.

He has a **huge** nose.

**1421. James – James**

LeBron **James** speelt bij de Los Angeles Lakers.

LeBron **James** plays for the Los Angeles Lakers.

**1422. Brand – Fire**

De **brand** was snel onder controle.

The **fire** was quickly controlled.

**1423. Risico – Risk**

De verzekeraar neemt het **risico**.

The insurer takes the **risk**.

**1424. Opzij – Aside**

We zetten onze verschillen **opzij**.

We put our differences **aside**.

**1425. Bouwen – Build**

Ze gaan een hele nieuwe wijk **bouwen**.

They will **build** a whole new neighborhood.

**1426. Ontvangen – Received**

Ik heb mijn nieuwe wasmachine nog steeds niet **ontvangen**.

I still haven't **received** my new washing machine.

**1427. Operatie – Operation**

De **operatie** verliep voorspoedig.

The **operation** was successful.

**1428. Hey – Hey**

**Hey**, wie ben jij?

**Hey**, who are you?

**1429. Verdachte – Suspect**

De **verdachte** kwam zichzelf aangeven.

The **suspect** turned himself in.

**1430. Volwassen – Adult**

Je gedraagt je niet erg **volwassen**.

You don't really behave like an **adult**.

**1431. Brug – Bridge**
De **brug** staat open.
The **bridge** is open.

**1432. Wraak – Revenge**
Zoete **wraak**.
Sweet **revenge**.

**1433. Breken – Break**
Zij wil het record **breken**.
She wants to **break** the record.

**1434. Rare – Weird**
Het is een **rare** snuiter.
It's a **weird** guy.

**1435. Ophalen – Pick Up**
Je moet Mason na school **ophalen**.
You have to **pick up** Mason after school.

**1436. Veiligheid – Safety**
**Veiligheid** staat voorop.
**Safety** first.

**1437. Bijzonder – Special**
Het is een **bijzonder** geval.
It's a **special** case.

**1438. Dikke – Fat**
Dat is een erg **dikke** hond.
That's a very **fat** dog.

**1439. Roken – Smoking**
Je moet stoppen met **roken**.
You have to quit **smoking**.

**1440. Eeuwig – Eternal**

Er is eeuwig zon.

There is eternal sunshine.

**1441. Bevalt – Like**

Het idee bevalt me wel.

I like the idea.

**1442. Kosten – Costs**

De kosten blijven oplopen.

The costs keep rising.

**1443. Ster – Star**

De ster schijnt fel.

The star is shining bright.

**1444. Spoor – Track**

Het spoor ligt onder de sneeuw.

The track is covered in snow.

**1445. Kogel – Bullet**

Ik zou een kogel voor hem vangen.

I would catch a bullet for him.

**1446. Verantwoordelijk – Responsible**

Wie is hier verantwoordelijk voor?

Who is responsible for this?

**1447. Rome – Rome**

Het Colosseum staat in Rome.

The Colosseum is in Rome.

**1448. Vaker – More Often**

Je moet vaker langskomen.

You have to stop by more often.

**1449. Geniet – Enjoy**

**Geniet** van je weekend.

**Enjoy** your weekend.

**1450. Misdaad – Crime**

De **misdaad** blijft maar toenemen.

The **crime** keeps increasing.

**1451. Besloten – Private**

Het is een **besloten** reservering.

It's a **private** reservation.

**1452. Tegenhouden – Stop**

Je kunt me niet **tegenhouden**.

You can't **stop** me.

**1453. Test – Test**

Hij slaagde niet voor de **test**.

He didn't pass the **test**.

**1454. Oren – Ears**

Mijn **oren** zijn niet gelijk.

My **ears** are not equal.

**1455. Bespreken – Discuss**

We moeten het met het bestuur **bespreken**.

We have to **discuss** it with the board.

**1456. Feit – Fact**

Dat is een **feit**.

That is a **fact**.

**1457. Verhalen – Stories**

Zijn **verhalen** zijn altijd spannend.

His **stories** are always exciting.

**1458. Tevreden – Satisfied**

Iedereen is **tevreden**.

Everyone is **satisfied**.

**1459. Zomer – Summer**

Deze **zomer**, ga ik twee keer op vakantie.

This **summer**, I will go on vacation twice.

**1460. Nerveus – Nervous**

Ik word nooit **nerveus**.

I never get **nervous**.

**1461. Jaloers – Jealous**

Mijn vriend is erg **jaloers**.

My boyfriend is really **jealous**.

**1462. Mary – Mary**

Hoe heb je **Mary** ontmoet?

How did you meet **Mary**?

**1463. Afgesproken – Agreed**

We hebben **afgesproken** het te verzwijgen.

We **agreed** to keep it a secret.

**1464. Majesteit – Majesty**

Hare **majesteit** de koningin.

Her **majesty** the queen.

**1465. Minuut – Minute**

Een **minuut** stilte.

One **minute** of silence.

**1466. Schreef – Wrote**

Zij **schreef** alles in haar dagboek.

She **wrote** everything in her diary.

**1467. Taak – Task**
Die **taak** is essentieel.
That **task** is essential.

**1468. Motor – Motorbike**
Mijn **motor** moet gemaakt worden.
My **motorbike** has to be fixed.

**1469. Dik – Fat**
Hij is te **dik** en moet afvallen.
He is too **fat** and has to lose weight.

**1470. Tanden – Teeth**
Wees zuinig op je **tanden**.
Be careful with your **teeth**.

**1471. Bad – Bath**
Een **bad** nemen is heerlijk.
Taking a **bath** is lovely.

**1472. Wezen – Creature**
Wat een afgrijselijk **wezen**.
What a horrible **creature**.

**1473. Halve – Half**
Ik wil een **halve** portie.
I would like **half** a portion.

**1474. Prinses – Princess**
De **prinses** wordt later koningin.
The **princess** will be queen later.

**1475. Lunch – Lunch**
Ik maak mijn **lunch** altijd zelf.
I always make **lunch** myself.

**1476. Beslissing – Decision**

Ik ben bang om die **beslissing** te maken.

I'm afraid to make that **decision**.

**1477. Geweld – Violence**

**Geweld** lost niets op.

**Violence** doesn't solve anything.

**1478. Maan – Moon**

Het is vannacht volle **maan**.

Tonight will be a full **moon**.

**1479. Gezocht – Searched**

Zij hebben naar een nieuwe vrijwilliger **gezocht**.

They **searched** for a new volunteer.

**1480. Pad – Path**

Zij is op het goede **pad**.

She is on the right **path**.

**1481. Vertrokken – Left**

De bus is te vroeg **vertrokken**.

The bus **left** too early.

**1482. Vecht – Fight**

Ik **vecht** met mijn blote handen.

I **fight** with my bare hands.

**1483. Beurt – Turn**

Het is jouw **beurt**.

It's your **turn**.

**1484. Publiek – Crowd**

Het **publiek** werd helemaal wild.

The **crowd** went totally crazy.

**1485. Bedacht – Thought Of**

Hij **bedacht** het ter plaatse.

He **thought of** it at the spot.

**1486. Overleden – Passed Away**

Zij is aan de infectie **overleden**.

She **passed away** due to the infection.

**1487. 's Nachts – At Night**

Ik durf **'s nachts** niet naar buiten.

I'm afraid to go out **at night**.

**1488. Restaurant – Restaurant**

Het **restaurant** heeft pannenkoeken.

The **restaurant** has pancakes.

**1489. Leiding – In Charge**

Wie heeft hier de **leiding**?

Who is **in charge** here?

**1490. Rusten – Rest**

Tijd om te **rusten**.

Time to **rest**.

**1491. Kamp – Camp**

Het **kamp** was geslaagd.

The **camp** was a success.

**1492. Will – Will**

**Will** gaat tennissen.

**Will** is going to play tennis.

**1493. Richard – Richard**

**Richard** Branson is een miljardair.

**Richard** Branson is a billionaire.

**1494. Genoegen – Pleasure**

Het was me een waar **genoegen**.

It was a true **pleasure**.

**1495. Verschillende – Different**

Er zijn **verschillende** categorieën.

There are **different** kinds of categories.

**1496. Opstaan – Rise**

Opstaan!

**Rise** and shine!

**1497. Godverdomme – Goddamnit**

Het werkt **godverdomme** niet.

**Goddamnit**, it doesn't work.

**1498. Vergeven – Forgive**

Je moet hem **vergeven**.

You have to **forgive** him.

**1499. Gelogen – Lied**

Het heeft over zijn affaire **gelogen**.

He **lied** about his affair.

# Chapter 7

**1500. Ontsnapt – Escaped**

Ze zijn uit het doolhof **ontsnapt**.

They **escaped** the maze.

**1501. Hopen – Hope**

Je kunt niet anders doen dan **hopen**.

You can't do anything other than **hope**.

**1502. Schijnt – Shines**

Wat is het toch lekker als de zon **schijnt**.

It's so lovely when the sun **shines**.

**1503. Verboden – Prohibited**

Het wordt iedereen **verboden** dat gebied te betreden.

Everyone is **prohibited** from entering that area.

**1504. Afmaken – Finish**

Nu moet je het **afmaken**.

Now you have to **finish** it.

**1505. Antwoorden – Answers**
Zij gaf me alle **antwoorden**.
She gave me all the **answers**.

**1506. Verschrikkelijk – Terrible**
Wat er nu gebeurd is ronduit **verschrikkelijk**.
What is happening now is really **terrible**.

**1507. Behoorlijk – Properly**
Ze hebben het **behoorlijk** gebouwd.
They built it **properly**.

**1508. Verdwijnen – Disappear**
Hij kan objecten laten **verdwijnen**.
He can make objects **disappear**.

**1509. Betekenen – Mean**
Wat zal die aanwijzing **betekenen**?
What will that clue **mean**?

**1510. Moed – Courage**
Er is veel **moed** voor nodig.
It takes a lot of **courage**.

**1511. Sukkel – Dork**
De vriend van mijn broertje is een **sukkel**.
The friend of my little brother is a **dork**.

**1512. Tent – Tent**
Ik ga in de **tent** kamperen.
I'm going camping in the **tent**.

**1513. Gearresteerd – Arrested**
De hele bende werd tegelijk **gearresteerd**.
The whole gang got **arrested** together.

**1514. Films – Movies**
Nieuwe **films** vind ik slecht.
I think new **movies** are bad.

**1515. Betreft – Regarding**
De vraag **betreft** de reiskostenvergoeding.
The question is **regarding** travel expenses.

**1516. Reed – Drove**
Ik **reed** alleen over de verlaten weg.
I **drove** alone on the abandoned road.

**1517. Overkomen – Happen To**
Helaas, kan het iedereen **overkomen**.
Unfortunately, it can **happen to** anybody.

**1518. Reken – Count**
Ik **reken** op je diensten.
I **count** on your services.

**1519. Geschoten – Shot**
Zij heeft raak **geschoten**.
She **shot** on target.

**1520. Uitstekend – Excellent**
De klantenservice is **uitstekend**.
The customer service is **excellent**.

**1521. Terugkomen – Come Back**
Ik zal daar later op **terugkomen**.
I will **come back** to that later.

**1522. Troep – Mess**
Ruim je **troep** op.
Clean up your **mess**.

**1523. Gedoe – Hassle**

Wat een **gedoe**.

What a **hassle**.

**1524. Snapt – Understands**

Zij **snapt** dat het niet mag.

She **understands** it's not allowed.

**1525. Duizend – Thousand**

Ik zie wel **duizend** sterren.

I see like a **thousand** stars.

**1526. Vissen – Fishing**

We gaan **vissen** op de Lek.

We are going **fishing** on de Lek.

**1527. Perfecte – Perfect**

Volendam is de **perfecte** dag uit.

Volendam is the **perfect** day out.

**1528. Verpest – Ruined**

De hele trip is **verpest**.

The entire trip is **ruined**.

**1529. Strand – Beach**

Ik kom vaak in Zandvoort op het **strand**.

I come to the **beach** in Zandvoort a lot.

**1530. Trut – Tart**

Wat een stomme **trut**.

What a stupid **tart**.

**1531. Speelde – Played**

Zij **speelde** op de viool.

She **played** the violin.

### 1532. Beeld – Statue
Het **beeld** van Willem van Oranje staat in Dordrecht.
The **statue** of Willem van Oranje is in Dordrecht.

### 1533. Stemmen – Voices
De **stemmen** passen mooi samen.
The **voices** go together well.

### 1534. Rechercheur – Detective
De **rechercheur** had het verkeerd.
The **detective** was wrong.

### 1535. Afstand – Distance
De **afstand** van Maastricht naar Groningen is meer dan 300 kilometer.
The **distance** from Maastricht to Groningen is over 300 kilometers.

### 1536. Dossier – File
Het **dossier** bestaat uit honderden pagina's.
The **file** consists of hundreds of pages.

### 1537. Gebleven – Stay
Waar zijn jullie in die tijd **gebleven**?
Where did you **stay** during that time?

### 1538. Paniek – Panic
Er brak **paniek** uit.
**Panic** broke out.

### 1539. Fijne – Fine
Wat een **fijne** stof.
What a **fine** fabric.

**1540. Actie – Action**

Je moet **actie** ondernemen.

You have to take **action**.

**1541. Verraden – Betray**

Waarom heb je hem **verraden**?

Why did you **betray** him?

**1542. Uren – Hours**

Ik heb **uren** geleden al gebeld.

I called **hours** ago already.

**1543. Bak – Bin**

Gooi het in de **bak**.

Throw it in the **bin**.

**1544. Volgt – Follows**

Hij **volgt** me overal.

He **follows** me everywhere.

**1545. Landen – Countries**

Ik ken alle **landen** die er bestaan.

I know all **countries** that exist.

**1546. Heilige – Saint**

Zij zien hem als een **heilige**.

They see him as a **saint**.

**1547. Melk – Milk**

Ik lust geen **melk**.

I don't drink **milk**.

**1548. Kleur – Color**

Geel is felle **kleur**.

Yellow is a bright **color**.

**1549. Spelletje – Game**

Ik ben verslaafd aan dat **spelletje**.

I'm addicted to that **game**.

**1550. Kaarten – Cards**

We gaan een potje **kaarten**.

We will play some **cards**.

**1551. Trekt – Pulls**

Zij **trekt** de deur hard open.

She **pulls** the door very hard.

**1552. Huid – Skin**

Mijn **huid** is erg droog.

My **skin** is very dry.

**1553. Flink – Solid**

De basis staat **flink**.

The basics are **solid**.

**1554. Ochtend – Morning**

De **ochtend** is niet mijn beste moment.

The **morning** is not my finest moment.

**1555. Gedrag – Behavior**

Dat **gedrag** kan ik niet goedkeuren.

I cannot approve of that **behavior**.

**1556. Toilet – Toilet**

Het **toilet** is genderneutraal.

The **toilet** is gender-neutral.

**1557. Zwemmen – Swimming**

Je kan niet in het meer **zwemmen**.

You can't go **swimming** in that lake.

**1558. Vorm – Shape**
Het begint **vorm** aan te nemen.
It's starting to take **shape**.

**1559. Gekozen – Chose**
Zij hebben hem weer **gekozen**.
They **chose** him again.

**1560. Bedoeling – Intention**
Dat was niet mijn **bedoeling**.
That was not my **intention**.

**1561. Ruikt – Smells**
Het **ruikt** heerlijk.
It **smells** delicious.

**1562. Vrije – Free**
Het is een **vrije** wereld.
It is a **free** world.

**1563. Tommy – Tommy**
Waar is **Tommy**?
Where is **Tommy**?

**1564. Lukken – Succeed**
Dat plan gaat **lukken**.
That plan will **succeed**.

**1565. Gaaf – Cool**
Die sneakers zijn **gaaf**.
Those sneakers are **cool**.

**1566. Appartement – Apartment**
Zijn **appartement** zit in het centrum.
His **apartment** is downtown.

**1567. Lade – Drawer**
Alle sleutels liggen in de **lade**.
All keys are in the **drawer**.

**1568. Medicijnen – Medicines**
De **medicijnen** sloegen aan.
The **medicines** worked.

**1569. Levens – Lives**
Deze methode bespaart **levens**.
This method saves **lives**.

**1570. Energie – Energy**
Ik heb de **energie** niet.
I don't have the **energy**.

**1571. Nagedacht – Thought**
Heb je erover **nagedacht**?
Have you **thought** about it?

**1572. Bepaalde – Particular**
Het heeft een **bepaalde** uitkomst.
It has a **particular** outcome.

**1573. Geslapen – Slept**
Ik heb heerlijk **geslapen**.
I **slept** very well.

**1574. Vertrekt – Leaves**
Zij **vertrekt** morgen.
She **leaves** tomorrow.

**1575. Vaders – Fathers**
De **vaders** brengen hun kinderen naar school.
The **fathers** are bringing their kids to school.

**1576. Universiteit – University**
De **universiteit** in Utrecht heeft veel studenten.
The **university** in Utrecht has lots of students.

**1577. Belangrijkste – Main**
Dat is de **belangrijkste** reden.
That is the **main** reason.

**1578. Aanvallen – Attack**
We moeten **aanvallen**.
We have to **attack**.

**1579. Sporen – Tracks**
Het forensisch team zocht naar **sporen**.
The forensic team was looking for **tracks**.

**1580. Senator – Senator**
De **senator** werd herkozen.
The **senator** was reelected.

**1581. Verlaat – Leave**
Ik **verlaat** je nooit.
I will never **leave** you.

**1582. Jazeker – Yes Sure**
**Jazeker**, dat kunnen we regelen.
**Yes sure**, we can take care of that.

**1583. Drankje – Drink**
Dat **drankje** is heerlijk.
That **drink** is delicious.

**1584. Doos – Box**
De **doos** is kapot.
The **box** is broken.

**1585. Drank – Booze**

Hij is gek op **drank**.

He loves **booze**.

**1586. Harder – Louder**

Het geluid wordt steeds **harder**.

The sound keeps getting **louder**.

**1587. Genoemd – Mentioned**

Ik heb het voorval nooit **genoemd**.

I never **mentioned** the accident.

**1588. Verstand – Mind**

Gebruik je **verstand**.

Use your **mind**.

**1589. Jane – Jane**

Ik heb **Jane** gisteren ontmoet.

I met **Jane** yesterday.

**1590. Stopt – Stops**

Hier **stopt** het verhaal.

The story **stops** here.

**1591. Type – Type**

Welk **type** toetsenbord heb jij?

Which **type** of keyboard do you have?

**1592. Gelul – Bullshit**

Ik kan dat **gelul** niet langer aanhoren.

I can't listen to that **bullshit** any longer.

**1593. Donder – Thunder**

Ik hoor de **donder** buiten.

I hear the **thunder** outside.

**1594. Vingers – Fingers**
Mijn **vingers** zijn lang.
My **fingers** are long.

**1595. Verkoop – Sell**
Hoeveel **verkoop** je op een dag?
How much do you **sell** in a day?

**1596. Programma – Program**
Het **programma** is erg intensief.
The **program** is very intense.

**1597. Grens – Border**
Zij kwam de **grens** niet over.
She didn't cross the **border**.

**1598. Schoonheid – Beauty**
Haar **schoonheid** is indrukwekkend.
Her **beauty** is impressive.

**1599. Opnemen – Record**
Ik ga een mixtape **opnemen**.
I will **record** a mixtape.

**1600. Kip – Chicken**
**Kip** kan ik elke dag eten.
I can eat **chicken** every day.

**1601. Stilte – Silence**
De **stilte** is heerlijk.
The **silence** is lovely.

**1602. Vrijdag – Friday**
**Vrijdag** ga ik met de trein.
**Friday** I will go by train.

### 1603. Klanten – Customers
Alle **klanten** waren boos.
All **customers** were upset.

### 1604. Dans – Dance
Deze **dans** leer je niet zomaar.
This **dance** is not easy to learn.

### 1605. Klus – Job
De **klus** is geklaard.
The **job** is done.

### 1606. Zwaard – Sword
Mijn **zwaard** werd online verkocht.
My **sword** got sold online.

### 1607. Hartelijk – Warmly
Hij werd **hartelijk** ontvangen.
He was received **warmly**.

### 1608. Gemakkelijk – Easily
De applicatie is **gemakkelijk** te gebruiken.
The application can be used **easily**.

### 1609. Controleren – Check
Ik kan het niet **controleren**.
I can't **check** it.

### 1610. Liefste – Dear
Zij is mijn **liefste**.
She is my **dear**.

### 1611. Erom – At It
We moesten **erom** lachen.
We had to laugh **at it**.

**1612. Washington – Washington**

In **Washington** staat het Witte Huis.

The White House is in **Washington**.

**1613. Ziekte – Disease**

De **ziekte** maakt veel slachtoffers.

The **disease** has a lot of victims.

**1614. Start – Start**

Alle deelnemers staan klaar voor de **start**.

All participants are ready to **start**.

**1615. Domme – Stupid**

Een **domme** zet.

A **stupid** move.

**1616. Vriendelijk – Friendly**

Wat een **vriendelijk** persoon.

What a **friendly** person.

**1617. Kunst – Art**

**Kunst** is mijn grootste passie.

**Art** is my biggest passion.

**1618. Dichterbij – Closer**

Mijn verjaardag komt steeds **dichterbij**.

My birthday keeps getting **closer**.

**1619. Proces – Process**

Het is een langzaam **proces**.

It's a slow **process**.

**1620. Pond – Pound**

Ik wil graag een **pond** gehakt.

I would like one **pound** of mince.

**1621. Tonen – Show**
Kun je me de brief **tonen**?
Can you **show** me the letter?

**1622. Keer – Times**
Hoeveel **keer** is dit al gebeurd?
How many **times** did this already happen?

**1623. Gekke – Silly**
Wat een **gekke** gedachte.
What a **silly** thought.

**1624. Post – Mail**
Alle **post** kwam te laat.
All **mail** arrived late.

**1625. Pers – Press**
De **pers** verdraait alles.
The **press** twists everything.

**1626. Cent – Cent**
Ik verdien er geen **cent** mee.
I don't earn a **cent** with it.

**1627. Vangen – Catch**
Je moet de bal **vangen**.
You have to **catch** the ball.

**1628. Meegemaakt – Experienced**
Ik heb hem van dichtbij **meegemaakt**.
I **experienced** him from up close.

**1629. Homo – Gay**
Mijn collega is **homo**.
My colleague is **gay**.

**1630. Gezelschap – Party**

We reizen in een groot **gezelschap**.

We are traveling with a big **party**.

**1631. Ergste – Worst**

Wat is het **ergste** dat je ooit is overkomen?

What is the **worst** thing that ever happened to you?

**1632. Bedenken – Think**

We moeten iets **bedenken**.

We have to **think** of something.

**1633. Bidden – Pray**

Laat ons **bidden**.

Let us **pray**.

**1634. Tuin – Backyard**

De stoelen staan in de **tuin**.

The chairs are in the **backyard**.

**1635. Geloofde – Believed**

Ik **geloofde** in jou.

I **believed** in you.

**1636. Pik – Pick**

**Pik** jij hem op?

Will you **pick** him up?

**1637. Oplossing – Solution**

De **oplossing** ligt voor de hand.

The **solution** is obvious.

**1638. Slachtoffers – Victims**

Gelukkig vielen er geen **slachtoffers**.

Luckily there were no **victims**.

### 1639. Aardige – Nice
Zoveel **aardige** mensen.
So many **nice** people.

### 1640. Heette – Called
Hoe **heette** dat album?
What was that album **called**?

### 1641. Gaven – Gave
We **gaven** iedereen eten.
We **gave** everyone food.

### 1642. Dankbaar – Thankful
Je moet ze **dankbaar** zijn.
You have to be **thankful** to them.

### 1643. Bruiloft – Wedding
De **bruiloft** is in het kasteel.
The **wedding** is in the castle.

### 1644. Top – Top
De **top** bereiken vergt veel discipline.
Reaching the **top** requires lots of discipline.

### 1645. Rotzooi – Mess
Het is een **rotzooi** in die opslagruimte.
It's a big **mess** in the storage area.

### 1646. Sexy – Sexy
Die laarzen staan erg **sexy**.
Those boots look very **sexy**.

### 1647. Voeren – Feed
Je mag de dieren niet **voeden**.
You're not allowed to **feed** the animals.

**1648. Taal – Language**

Fins is een gecompliceerde **taal**.

Finnish is a complicated **language**.

**1649. Rapport – Report**

Mijn **rapport** was erg slecht.

My **report** card was very bad.

**1650. Blik – Look**

Zij geeft me een rare **blik**.

She gives me a weird **look**.

**1651. Wijs – Wise**

Je bent oud en **wijs** genoeg.

You are old and **wise** enough.

**1652. Openen – Open**

De nieuwe vestiging zal morgen de deuren **openen**.

The new branch will **open** tomorrow.

**1653. Eenmaal – Once**

Als het **eenmaal**, lukt ben je binnen.

**Once** it works, you are in.

**1654. Directeur – Director**

De **directeur** diende zijn ontslag in.

The **director** resigned.

**1655. Echtgenoot – Husband**

Mijn **echtgenoot** is altijd bij me.

My **husband** is always with me.

**1656. Gevolgd – Followed**

Ik werd wekenlang **gevolgd**.

I was **followed** for weeks.

**1657. Hoed – Hat**
Je lijkt net een maffiabaas met die **hoed**.
You look like a mobster with that **hat**.

**1658. Broeder – Brother**
Ik zie je als een **broeder**.
I see you as a **brother**.

**1659. Vluchten – Flights**
De **vluchten** naar Portland zijn duur.
The **flights** to Portland are expensive.

**1660. Lijden – Suffering**
Er kwam eindelijk een einde aan zijn **lijden**.
Finally, there came an end to his **suffering**.

**1661. Steken – Stabbing**
Je kunt niet zomaar iemand **steken**.
You can't just go around **stabbing** someone.

**1662. Talent – Talent**
Haar **talent** viel overal op.
Her **talent** was noticed everywhere.

**1663. Officier – Prosecutor**
Hij is de **officier** van justitie.
He is the **prosecutor**.

**1664. Hersenen – Brains**
Gebruik je **hersenen**!
Use your **brains**!

**1665. Uitgenodigd – Invited**
Ik ben **uitgenodigd** voor de housewarming.
I'm **invited** to the housewarming.

**1666. Steen – Rock**

De **steen** is loodzwaar.

The **rock** is very heavy.

**1667. Leugenaar – Liar**

Vuile **leugenaar**!

Dirty **liar**!

**1668. Vorig – Last**

**Vorig** jaar zijn de regels aangepast.

The rules have been changed **last** year.

**1669. Uitzoeken – Investigate**

Ik moet **uitzoeken** wat er gebeurd is.

I have to **investigate** what happened.

**1670. Kerst – Christmas**

Met **kerst**, eten we kalkoen.

With **Christmas**, we eat turkey.

**1671. Ruim – Spacious**

Het is een **ruim** bed.

It's a **spacious** bed.

**1672. Blind – Blind**

Danny **Blind** won de Champions League.

Danny **Blind** won the Champions League.

**1673. Aangedaan – Affected**

Ik was diep **aangedaan** door het ongeluk.

I was deeply **affected** by the accident.

**1674. Contract – Contract**

Zijn **contract** loopt bijna af.

His **contract** is almost ending.

**1675. Voorkomen – Prevent**
We moeten het **voorkomen**.
We have to **prevent** it.

**1676. Straf – Punishment**
Die **straf** heeft ze verdiend.
She deserved that **punishment**.

**1677. Afscheid – Goodbye**
**Afscheid** nemen is nooit makkelijk.
It's never easy to say **goodbye**.

**1678. Klootzakken – Bastards**
Ik word moe van die **klootzakken**.
Those **bastards** make me tired.

**1679. Zwak – Weak**
Hij voelt zich erg **zwak**.
He is feeling very **weak**.

**1680. Vreselijke – Terrible**
Wat een **vreselijke** dag.
What a **terrible** day.

**1681. Kregen – Got**
Ze **kregen** een goede beoordeling.
They **got** a good review.

**1682. Kies – Choose**
Wie **kies** jij eerst?
Who do you **choose** first?

**1683. Lenen – Borrow**
Kan ik je laptop **lenen**?
Can I **borrow** your laptop?

**1684. Kluis – Safe**

Het geld zit in de **kluis**.

The money is in the **safe**.

**1685. Klant – Customer**

Zij is de beste **klant**.

She is the best **customer**.

**1686. Chris – Chris**

**Chris** komt uit Middelburg.

**Chris** is from Middelburg.

**1687. Bijvoorbeeld – For Instance**

**Bijvoorbeeld**, als je het eerst opschrijft.

**For instance**, if you write it down first.

**1688. Truck – Truck**

Sam kan een **truck** besturen.

Sam can drive a **truck**.

**1689. Begrafenis – Funeral**

De **begrafenis** trok honderden mensen naar de begraafplaats.

The **funeral** drew hundreds of people to the cemetery.

**1690. Lab – Lab**

In het **lab** vonden ze een doorbraak.

They found a breakthrough in the **lab**.

**1691. Ideeën – Ideas**

De groep zit vol **ideeën**.

The group is full of **ideas**.

**1692. Beslist – Decides**

De scheidsrechter **beslist**.

The referee **decides**.

**1693. Akkoord – Agreement**

Ze bereikten een **akkoord**.

They reached an **agreement**.

**1694. Percentage – Percentage**

Het **percentage** werd met de dag hoger.

The **percentage** grew by the day.

**1695. Chicago – Chicago**

The Magnificent Mile ligt in **Chicago**.

The Magnificent Mile is in **Chicago**.

**1696. Vermoordt – Kills**

De regering **vermoordt** haar eigen burgers.

The government **kills** its own citizens.

**1697. Pakt – Grabs**

Hij **pakt** de hele bestelling tegelijk aan.

He **grabs** the complete order all at once.

**1698. Biertje – Beer**

Wil je een **biertje** drinken vanavond?

Do you want to grab a **beer** tonight?

**1699. Verdiend – Deserved**

Dat is niet wat hij had **verdiend**.

That is not what he **deserved**.

**1700. Alarm – Alarm**

Mijn **alarm** gaat elke ochtend om 7 uur.

My **alarm** goes off every morning at 7 o'clock.

**1701. Aan doen – Put On**

Kun jij de oven **aan doen**?

Can you **put on** the oven?

**1702. Gedragen – Worn**

Ik heb die outfit nauwelijks **gedragen**.

I have barely **worn** that outfit.

**1703. Krachten – Powers**

Bovennatuurlijk **krachten**.

Supernatural **powers**.

**1704. Basis – Base**

De **basis** is sterk.

The **base** is strong.

**1705. Verbergen – Hide**

Ik kan mijn gevoelens niet **verbergen**.

I can't **hide** my feelings.

**1706. Toon – Show**

**Toon** mij de foto.

**Show** me the picture.

**1707. Verwachten – Expecting**

Wat **verwachten** jullie?

What are you **expecting**?

**1708. Champagne – Champagne**

De **champagne** vloeide rijkelijk.

The **champagne** was flowing excessively.

**1709. Hoopte – Hoped**

Ik **hoopte** op een vermindering.

I had **hoped** for a reduction.

**1710. Vandoor – Take Off**

We gaan er **vandoor**.

We will **take off**.

**1711. Graf – Grave**

Er staan bloemen op het **graf**.

There are flowers on the **grave**.

**1712. Duur – Expensive**

Die ring was super **duur**.

That ring was super **expensive**.

**1713. Sterren – Stars**

We gaan alle **sterren** tellen.

We will count all the **stars**.

**1714. Kelder – Basement**

Alle apparaten staan in de **kelder**.

All devices are in the **basement**.

**1715. Wiens – Whose**

Weet jij **wiens** pen ik kan lenen?

Do you know **whose** pen I can borrow?

**1716. Mening – Opinion**

Jouw **mening** is belangrijk voor me.

Your **opinion** is important to me.

**1717. Flat – Flat**

De **flat** heeft twaalf verdiepingen.

The **flat** has twelve stories.

**1718. Verslaan – Beat**

Je kunt hem niet **verslaan**.

You can't **beat** him.

**1719. Vaarwel – Goodbye**

**Vaarwel** en tot de volgende keer.

**Goodbye** and until next time.

**1720. Jouwe – Yours**

Is dit de **jouwe**?

Is this **yours**?

**1721. Berg – Mountain**

De Mont Blanc is de hoogste **berg** van Europa.

The Mont Blanc is the biggest **mountain** in Europe.

**1722. Geduld – Patience**

Haar **geduld** werd beloond.

Her **patience** was rewarded.

**1723. Frankrijk – France**

Marseille is een stad in **Frankrijk**.

Marseille is a city in **France**.

**1724. Ervandoor – Left**

Hij is **ervandoor** gegaan.

He **left**.

**1725. Compleet – Complete**

Hiermee, is het **compleet**.

With this, it's **complete**.

**1726. Bergen – Mountains**

We gaan ieder jaar klimmen in de **bergen** in Zwitserland.

We go climbing every year in the **mountains** in Switzerland.

### 1727. Roepen – Call
Kun je hem **roepen**?
Can you **call** him?

### 1728. Gerust – Rest Assured
Wees **gerust**, ik ga het regelen.
**Rest assured**, I will take care of it.

### 1729. Hoewel – Although
**Hoewel** ik het er niet mee eens ben, heb ik respect voor haar mening.
**Although** I don't agree, I respect her opinion.

### 1730. Tegenwoordig – Nowadays
Wat doe je **tegenwoordig**?
What are you doing **nowadays**?

### 1731. Sterker – Stronger
Samen zijn we **sterker**.
Together we are **stronger**.

### 1732. Twijfel – Doubt
Ik ken geen **twijfel**.
I know no **doubt**.

### 1733. Schrijft – Writes
Hij **schrijft** diepgaande poëzie.
He **writes** deep poetry.

### 1734. Leerde – Learned
Ik **leerde** alles over geschiedenis.
I **learned** everything about history.

**1735. Carrière – Career**

Met die rol, kwam zijn **carrière** van de grond.

With that role, he launched his **career**.

**1736. Binnenkomen – Enter**

Mag ik **binnenkomen**?

May I **enter**?

**1737. Koffer – Suitcase**

Mijn **koffer** heeft de vlucht gemist.

My **suitcase** missed the flight.

**1738. Stappen – Steps**

Volg de **stappen**, en je gaat het vinden.

Follow the **steps**, and you will find it.

**1739. Redt – Saves**

Hij **redt** haar uit die situatie.

He **saves** her from that situation.

**1740. Koken – Cooking**

Ik heb een passie voor **koken**.

I have a passion for **cooking**.

**1741. Geïnteresseerd – Interested**

Zij is **geïnteresseerd** in mijn domein.

She is **interested** in my domain.

**1742. Volle – Full**

Ik heb een **volle** agenda.

I have a **full** agenda.

**1743. Duizenden – Thousands**

Er zijn **duizenden** meren in Karinthië.

There are **thousands** of lakes in Carinthia.

**1744. Annie – Annie**

**Annie** kreeg de hoofdrol in de musical.

**Annie** got the main role in the musical.

**1745. Rachel – Rachel**

**Rachel** is mijn hartsvriendin.

**Rachel** is my best friend forever.

**1746. Vergissing – Mistake**

Het bleek allemaal een **vergissing**.

It all turned out to be a **mistake**.

**1747. Vijanden – Enemies**

Iedereen heeft **vijanden**.

Everyone has **enemies**.

**1748. Hoger – Higher**

Hij heeft een **hogere** functie.

He has a **higher** position.

**1749. Ernstig – Serious**

Het is een **ernstig** vergrijp.

It's a **serious** offense.

# Chapter 8

**1750. Morgenochtend – Tomorrow Morning**

Ik kom het **morgenochtend** brengen.

I will drop it off **tomorrow morning**.

**1751. Brood – Bread**

Al hun **brood** is vers.

All their **bread** is fresh.

**1752. Eigenaar – Owner**

De **eigenaar** moest zijn zaak sluiten.

The **owner** had to close his business.

**1753. Sterke – Strong**

Hij had een **sterke** start.

He had a **strong** start.

**1754. Stuurde – Sent**

Hij **stuurde** me een Facebook bericht.

He **sent** me a Facebook message.

**1755. Bekijk – View**

Ik **bekijk** die dingen heel anders.

I **view** these things very differently.

**1756. Zonde – Shame**

Wat **zonde** van die vlek.

What a **shame** about that stain.

**1757. Wit – White**

Ik draag altijd **wit**.

I always wear **white**.

**1758. Burgemeester – Mayor**

De **burgemeester** is erg geliefd.

The **mayor** is very popular.

**1759. Details – Details**

Ik stuur de **details** naar je door.

I will send you the **details**.

**1760. Persoonlijke – Personal**

Je krijgt mijn **persoonlijke** goedkeuring.

You will receive my **personal** approval.

**1761. Zondag – Sunday**

Ik ga **zondag** League of Legends spelen.

I will play League of Legends on **Sunday**.

**1762. Advies – Advice**

Dat **advies** is nergens op gebaseerd.

That **advice** is based on nothing.

**1763. Verliest – Loses**

Zij **verliest** nooit met Candy Crush.

She never **loses** with Candy Crush.

**1764. Lid – Member**

Hij is **lid** van het koor.

He is a **member** of the choir.

**1765. Arresteren – Arrest**

Het team kwam hem **arresteren**.

The team came to **arrest** him.

**1766. Nauwelijks – Barely**

Hij kon **nauwelijks** dichterbij komen.

He could **barely** come closer.

**1767. Harde – Tough**

Het is een **harde** wereld.

It's a **tough** world.

**1768. Moeders – Mothers**

Alle **moeders** halen de kinderen op.

All **mothers** will pick up the children.

**1769. Schot – Shot**

Elk **schot** ging erin.

Every **shot** went in.

**1770. Interesseert – Interested**

Ik weet niet of hij zich daarvoor **interesseert**.

I don't know if he is **interested** in that.

**1771. Gedronken – Drank**

We hebben met de hele groep wat **gedronken**.

We **drank** something with the whole group.

**1772. Bepaald – Determined**

De eisen voor kwalificatie zijn **bepaald**.

The requirements to qualify have been **determined**.

**1773. Manieren – Ways**

Er zijn veel **manieren** om het te doen.

There are many **ways** to do it.

**1774. Magie – Magic**

Het is pure **magie**.

It's pure **magic**.

**1775. Mark – Mark**

**Mark** Rutte is de minister president.

**Mark** Rutte is the prime minister.

**1776. Blauw – Blue**

De envelop is **blauw**.

The envelope is **blue**.

**1777. Toegang – Access**

Het kost 10 euro om **toegang** te krijgen.

It costs 10 euro to gain **access**.

**1778. Oplossen – Solve**

We moeten het samen **oplossen**.

We have to **solve** it together.

**1779. Gelaten – Left**

Hij heeft het zo **gelaten** als het was.

He **left** it the way it was.

**1780. Zaterdag – Saturday**

Op **zaterdag**, ga ik voetballen.

On **Saturday,** I will play soccer.

**1781. Bieden – Bid**

Iedereen mag **bieden**.

Everyone can **bid**.

**1782. Favoriete – Favorite**

De lente is mijn **favoriete** seizoen.

Spring is my **favorite** season.

**1783. Arts – Doctor**

De **arts** adviseerde het recept.

The **doctor** advised the prescription.

**1784. Larry – Larry**

**Larry** is een kameel.

**Larry** is a camel.

**1785. Gewacht – Waited**

Ik heb lang **gewacht**.

I **waited** for a long time.

**1786. Afdeling – Department**

Die **afdeling** beslist over de vergunningen.

That **department** decides about the permits.

**1787. Schitterend – Beautiful**

Wat een **schitterend** uitzicht.

What a **beautiful** view.

**1788. Gebruikte – Used**

Hij **gebruikte** drugs.

He **used** drugs.

**1789. Jagen – Hunt**

We gaan **jagen** in Dinkelland.

We are going to **hunt** in Dinkelland.

**1790. Broers – Brothers**

Ik speel ijshockey met mijn **broers**.

I play hockey with my **brothers**.

**1791. Steun – Support**
Ze konden de **steun** gebruiken.
They could use the **support**.

**1792. Engel – Angel**
Mijn tante is een **engel**.
My aunt is an **angel**.

**1793. Deuren – Doors**
Waarom laat je de **deuren** open?
Why do you leave the **doors** open?

**1794. Stuurt – Sends**
Hij **stuurt** me rare berichten.
He **sends** me strange messages.

**1795. Rekenen – Count**
Je kunt op me **rekenen**.
You can **count** on me.

**1796. Gouden – Gold**
De **Gouden** Eeuw.
Dutch **Golden** Age.

**1797. Anna – Anna**
Ik ga met **Anna** naar het zwembad.
I'm going to the swimming pool with **Anna**.

**1798. Maria – Maria**
**Maria** is vernoemd naar haar oma.
**Maria** is named after her grandma.

**1799. Hiervan – From This**
Wat heb je **hiervan** geleerd?
What did you learn **from this**?

**1800. Dertig – Thirty**

Hij is de **dertig** allang gepasseerd.

He turned **thirty** a long time ago.

**1801. Verborgen – Hidden**

We zoeken naar de **verborgen** schatten.

We are looking for the **hidden** treasures.

**1802. Prettige – Pleasant**

Wat een **prettige** gast.

What a **pleasant** guest.

**1803. Vervelend – Annoying**

Zij gedraagt zich erg **vervelend**.

She behaves in a very **annoying** way.

**1804. Reizen – Travel**

Veel toeristen **reizen** naar Amsterdam.

Many tourists **travel** to Amsterdam.

**1805. Gedachte – Thought**

Houd die **gedachte** vast.

Hold on to that **thought**.

**1806. Uwe – Yours**

Dit is de **uwe**.

This is **yours**.

**1807. Welnee – No**

**Welnee**, dat heb ik niet gezegd.

**No**, I didn't say that.

**1808. Vogel – Bird**

De **vogel** maakte me wakker.

The **bird** woke me up.

**1809. Tegenover – Opposite**
Zij zit **tegenover** mij op kantoor.
She is sitting **opposite** me in the office.

**1810. Belang – Interest**
Hij heeft een **belang** in het bedrijf.
He has an **interest** in the company.

**1811. Stukken – Pieces**
Ik mis een paar **stukken**.
I'm missing a few **pieces**.

**1812. Bende – Gang**
De **bende** is zeer gewelddadig.
The **gang** is very violent.

**1813. Sterf – Die**
Ik **sterf** bij voorkeur in mijn slaap.
I would prefer to **die** in my sleep.

**1814. Meent – Means**
Ze **meent** niets van wat ze zegt.
She **means** nothing of what she says.

**1815. Patiënt – Patient**
De **patiënt** mag morgen naar huis.
The **patient** can go home tomorrow.

**1816. Fouten – Mistakes**
Je moet leren van je **fouten**.
You have to learn from your **mistakes**.

**1817. Eenvoudig – Easily**
Ik kan het **eenvoudig** veranderen.
I can change it **easily**.

**1818. Beveiliging – Security**

De **beveiliging** is zwak.

The **security** is weak.

**1819. Vliegveld – Airport**

La Guardia is een druk **vliegveld**.

La Guardia is a busy **airport**.

**1820. Streek – Region**

Die **streek** is erg afgelegen.

That **region** is very deserted.

**1821. Liedje – Song**

Dat **liedje** is erg emotioneel.

That **song** is very emotional.

**1822. Gespeeld – Played**

Zij heeft jaren gitaar **gespeeld**.

She **played** the guitar for years.

**1823. Ruik – Smell**

Ik **ruik** veel kruiden.

I **smell** lots of herbs.

**1824. Vergadering – Meeting**

De **vergadering** werd onderbroken.

The **meeting** was interrupted.

**1825. Genade – Mercy**

Hij kent geen **genade**.

He knows no **mercy**.

**1826. Tong – Tongue**

Zij heeft een lange **tong**.

She has a long **tongue**.

**1827. Kust – Coast**
De kust is veilig.
The coast is clear.

**1828. Kogels – Bullets**
Kogels vlogen in het rond.
Bullets were flying around.

**1829. Voedsel – Food**
Het voedsel was weg.
The food was gone.

**1830. Schade – Damage**
De schade bleef beperkt.
The damage was limited.

**1831. Gezond – Healthy**
Veel groenten zijn gezond.
Lots of vegetables are healthy.

**1832. Coach – Coach**
De coach is streng.
The coach is strict.

**1833. Ondanks – Despite**
Ondanks de verschillen, kunnen ze het goed vinden.
Despite the differences, they get along well.

**1834. Geheimen – Secrets**
Ze delen al hun geheimen.
They share all their secrets.

**1835. Waarheen – Where**
Waarheen gaat de reis?
Where will the trip go?

**1836. Vloer – Floor**

Zij veegt de **vloer** met hem aan.

She wipes the **floor** with him.

**1837. Erheen – There**

Hoe ga je **erheen**?

How will you get **there**?

**1838. Eenzaam – Lonely**

Ouderen zijn vaak **eenzaam**.

The elderly are often **lonely**.

**1839. Vrolijk – Cheerful**

Wat een **vrolijk** evenement.

What a **cheerful** event.

**1840. Edelachtbare – Your Honor**

Mag ik wat vragen, **edelachtbare**?

Can I ask you something, **Your Honor**?

**1841. Saai – Boring**

Zijn leven is erg **saai**.

His life is very **boring**.

**1842. Priester – Priest**

De **priester** is te laat.

The **priest** is late.

**1843. Woonde – Lived**

Waar **woonde** jij eerst?

Where have you **lived** before?

**1844. Vermist – Missing**

Hij is al drie jaar **vermist**.

He has been **missing** for three years.

**1845. Taart – Cake**
De **taart** was veganistisch.
The **cake** was vegan.

**1846. Achtergelaten – Abandoned**
Ze hebben hem **achtergelaten**.
They **abandoned** him.

**1847. Telefoontje – Phone Call**
Ik miste het **telefoontje**.
I missed the **phone call**.

**1848. Ontmoetten – Met**
We **ontmoetten** elkaar op het gala.
We **met** each other at the dance.

**1849. Eng – Scary**
Die man is **eng**.
That man is **scary**.

**1850. Hekje – Hashtag**
Met een **hekje**, kun je woorden taggen.
With a **hashtag**, you can tag words.

**1851. Herinnert – Remembers**
Hij **herinnert** zich niets.
He **remembers** nothing.

**1852. Studeren – Studying**
**Studeren** is niet voor hem weggelegd.
**Studying** is not for him.

**1853. Droeg – Carried**
Hij **droeg** de spullen urenlang.
He **carried** the stuff for hours.

**1854. Verstopt – Hides**

Zij **verstopt** zich in het pashok.

She **hides** in the fitting room.

**1855. Jury – Jury**

De **jury** heeft besloten.

The **jury** has decided.

**1856. Hoelang – How Long**

**Hoelang** moeten we blijven?

**How long** do we have to stay?

**1857. Laag – Low**

Je moet **laag** blijven.

You have to stay **low**.

**1858. Gods – God's**

Het is **Gods** manier.

It's **God's** way.

**1859. Claire – Claire**

Ik ga met **Claire** samen.

I will go with **Claire**.

**1860. Papier – Paper**

Op **papier**, klinkt het goed.

On **paper**, it sounds good.

**1861. Chef – Chef**

De **chef** heeft veel prijzen gewonnen.

The **chef** won many prices.

**1862. Waardoor – Causing**

Dat is **waardoor** het probleem komt.

That is **causing** the problem.

**1863. Maandag – Monday**

Op **maandag**, ben ik chagrijnig.

On **Monday**, I am moody.

**1864. Noorden – North**

In het **Noorden**, spreken mensen met een accent.

In the **North**, people speak with an accent.

**1865. Vernietigd – Destroyed**

Het centrum werd **vernietigd**.

The center got **destroyed**.

**1866. Politiek – Politics**

In de **politiek**, is elke dag anders.

In **politics**, every day is different.

**1867. Park – Park**

Kronenburg **Park** is in Nijmegen.

Kronenburg **Park** is in Nijmegen.

**1868. Korte – Short**

Zij draagt een **korte** rok.

She is wearing a **short** skirt.

**1869. Ah – Ah**

**Ah**, wat jammer.

**Ah**, what a pity.

**1870. Kwestie – Matter**

Het is een **kwestie** van tijd.

It's a **matter** of time.

**1871. Slaapkamer – Bedroom**

De **slaapkamer** is helemaal nieuw.

The **bedroom** is brand new.

**1872. Lieg – Lie**

Waarom **lieg** je altijd?

Why do you always **lie**?

**1873. Leert – Learns**

Zij **leert** enorm snel.

She **learns** incredibly fast.

**1874. Gewend – Used To**

Ik ben **gewend** aan luxe.

I'm **used to** luxury.

**1875. Kate – Kate**

De roddelpers zit altijd achter **Kate** aan.

The tabloids are always following **Kate**.

**1876. Pot – Jar**

Ik kocht een **pot** augurken.

I bought a **jar** of pickles.

**1877. Nat – Wet**

De verf is nog **nat**.

The paint is still **wet**.

**1878. Maatje – Buddy**

Zij is mijn beste **maatje**.

She is my best **buddy**.

**1879. Groeten – Regards**

Doe hem de **groeten**.

Give him my **regards**.

**1880. Verdomd – Damn**

Wat een **verdomd** goed nummer.

What a **damn** good song.

**1881. Naakt – Naked**

Ik loop altijd **naakt** in huis rond.

I always walk around **naked** in the house.

**1882. Andy – Andy**

**Andy** zwemt in de rivier.

**Andy** is swimming in the river.

**1883. Vanmiddag – This Afternoon**

We gaan **vanmiddag** barbecueën.

We're going to have a barbecue **this afternoon**.

**1884. Genieten – Enjoy**

Je moet van je vrij dag **genieten**.

You have to **enjoy** your day off.

**1885. Wegens – Due To**

**Wegens** onvoorziene omstandigheden, is het afgelast.

**Due to** unforeseen circumstances, it's canceled.

**1886. Hiervoor – For This**

**Hiervoor** blijf ik niet thuis.

I will not stay home **for this**.

**1887. Makkelijker – Easier**

Alles wordt **makkelijker**.

Everything gets **easier**.

**1888. Badkamer – Bathroom**

De **badkamer** is gerenoveerd.

The **bathroom** has been renovated.

**1889. Verbrand – Burned**

Ik heb mijn hand **verbrand**.

I **burned** my hand.

**1890. Project – Project**

Het **project** is ingeleverd.

The **project** has been handed in.

**1891. Miljoenen – Millions**

Er wonen **miljoenen** mensen in Houston.

**Millions** of people live in Houston.

**1892. Hielp – Helped**

Hij **hielp** me elke dag.

He **helped** me every day.

**1893. Nachtmerrie – Nightmare**

De **nachtmerrie** is nog niet voorbij.

The **nightmare** isn't over yet.

**1894. Genezen – Heal**

Het zal langzaam **genezen**.

It will **heal** slowly.

**1895. Vasthouden – Hold On**

Je moet die positieve gedachten **vasthouden**.

You have to **hold on** to these positive vibes.

**1896. Dader – Perpetrator**

De **dader** is nog steeds niet gearresteerd.

The **perpetrator** still hasn't been arrested.

**1897. Aannemen – Take**

Kun je een boodschap **aannemen**?

Can you **take** a message?

**1898. Dave – Dave**

**Dave** heeft rood haar.

**Dave** has red hair.

**1899. Bomen – Trees**
Alle **bomen** staan in bloei.
All **trees** are in bloom.

**1900. Verloor – Lost**
Ik **verloor** iedere keer.
I **lost** every time.

**1901. Ontslag – Resignation**
Zij heeft haar **ontslag** ingediend.
She gave her **resignation**.

**1902. Aankomen – Arrive**
Hij zal om acht uur **aankomen**.
He will **arrive** at eight o'clock.

**1903. Beslissen – Decide**
Je moet het zelf **beslissen**.
You have to **decide** for yourself.

**1904. Buren – Neighbors**
De **buren** hebben geklaagd.
The **neighbors** have complained.

**1905. Piloot – Pilot**
De **piloot** vliegt drie keer per week.
The **pilot** flies three times a week.

**1906. Arthur – Arthur**
**Arthur** is vrijgezel.
**Arthur** is single.

**1907. Whisky – Whiskey**
Dat merk **whisky** drink ik het liefst.
I like to drink that brand of **whiskey** the most.

**1908. Knappe – Handsome**

Wat een **knappe** verschijning.

What a **handsome** appearance.

**1909. Netjes – Neat**

Haar slaapkamer is erg **netjes**.

Her bedroom is very **neat**.

**1910. Kast – Closet**

Je moet je **kast** opruimen.

You have to clean up your **closet**.

**1911. Gevangenen – Prisoners**

De **gevangenen** mogen een keer per dag naar buiten.

The **prisoners** are allowed to go outside once a day.

**1912. Goden – Gods**

De **goden** zullen bepalen.

The **gods** will decide.

**1913. Rijke – Rich**

Er wonen veel **rijke** mensen in die buurt.

Many **rich** people live in that neighborhood.

**1914. Dief – Thief**

Als een **dief** in de nacht.

Like a **thief** in the night.

**1915. Joey – Joey**

**Joey** houdt van lasagna.

**Joey** loves lasagna.

**1916. Bron – Source**

Zijn **bron** is geheim.

His **source** is secret.

**1917. Europa – Europe**
België ligt in **Europa**.
Belgium is located in **Europe**.

**1918. Stroom – Power**
De **stroom** is afgesloten.
The **power** was cut off.

**1919. Opgeven – Give Up**
Je kan nu niet **opgeven**.
You can't **give up** now.

**1920. Hemelsnaam – Heaven's sake**
Wat denken jullie in **hemelsnaam**?
For **heaven's sake**, what are you guys thinking?

**1921. Geesten – Ghosts**
We zullen de **geesten** verjagen.
We will scare away the **ghosts**.

**1922. Bereikt – Achieved**
Hij heeft zijn dromen **bereikt**.
He **achieved** his dreams.

**1923. Mexico – Mexico**
Puerto Vallarta is een badplaats in **Mexico**.
Puerto Vallarta is a seaside resort in **Mexico**.

**1924. Chauffeur – Driver**
De **chauffeur** opent de deur.
The **driver** opens the door.

**1925. Toeval – Coincidence**
Het kan geen **toeval** zijn.
It can't be a **coincidence**.

**1926. Machine – Machine**

Al zijn werk is overgenomen door die **machine**.

All his work had been taken over by that **machine**.

**1927. Punten – Points**

Hij had de meeste **punten**.

He had the most **points**.

**1928. Pete – Pete**

**Pete** werkt voor een nieuwszender.

**Pete** works for a news channel.

**1929. Westen – West**

In het **westen** is ligt Zuid-Holland.

South Holland is located in the **west**.

**1930. Leraar – Teacher**

De **leraar** laat het ons morgen weten.

The **teacher** will let us know tomorrow.

**1931. Storm – Storm**

Een **storm** aan de kust is heel normaal.

A **storm** on the coast is very normal.

**1932. Walter – Walter**

**Walter** zat op dezelfde school als ik.

**Walter** went to the same school as me.

**1933. Gekend – Known**

Leuk je **gekend** te hebben.

Nice to have **known** you.

**1934. Knieën – Knees**

Ik heb slechte **knieën**.

I have bad **knees**.

### 1935. Charles – Charles
**Charles** Groenhuijsen doet verslag vanuit de Verenigde Staten.

**Charles** Groenhuijsen reports from the United States.

### 1936. Boerderij – Farm
De kippen lopen rond op de **boerderij**.

The chickens walk around on the **farm**.

### 1937. Lucy – Lucy
Hoe laat is **Lucy** hier?

How late will **Lucy** be here?

### 1938. Jerry – Jerry
Ik heb vaak ruzie met **Jerry**.

I often fight with **Jerry**.

### 1939. Schreeuwen – Screaming
Iedereen moet stoppen met **schreeuwen**.

Everyone should stop **screaming**.

### 1940. Afspraakje – Date
Ons eerste **afspraakje** is vanavond.

Our first **date** is tonight.

### 1941. Vrees – Fear
Ik **vrees** het ergste.

I **fear** the worst.

### 1942. Gozer – Dude
Hey, **gozer**, wat doe je?

Hey, **dude**, what are you doing?

**1943. Gekeken – Watched**

Ik heb net naar Netflix **gekeken**.

I just **watched** Netflix.

**1944. Overkomt – Happens**

Mij **overkomt** niets.

Nothing **happens** to me.

**1945. Menselijk – Human**

Het is gewoon **menselijk** zo te denken.

It's only **human** to think like that.

**1946. Eieren – Eggs**

Met pasen, zoeken we **eieren**.

During Easter, we search for **eggs**.

**1947. Cadeau – Present**

Een luchtje is een leuk **cadeau**.

Cologne is a nice **present**.

**1948. Klap – Punch**

Geef een **klap**!

Throw a **punch**!

**1949. Hersens – Brains**

Hij heeft een goed stel **hersens**.

He has a good set of **brains**.

**1950. Stof – Dust**

Overal ligt **stof**.

The **dust** is everywhere.

**1951. Lisa – Lisa**

**Lisa** plaatst een bericht op Twitter.

**Lisa** posts a message on Twitter.

**1952. Lelijk – Ugly**

Wat een **lelijk** beeld.

What an **ugly** statue.

**1953. Smaak – Taste**

De **smaak** gaat niet uit je mond.

The **taste** doesn't leave your mouth.

**1954. Zojuist – Just**

Wat heb je **zojuist** gedaan?

What did you **just** do?

**1955. Signaal – Signal**

Ik heb hier geen **signaal**.

I don't have a **signal** over here.

**1956. Garage – Garage**

Mijn auto staat in de **garage**.

My car is in the **garage**.

**1957. Stelletje – Couple**

Het **stelletje** is al twee jaar samen.

The **couple** has been together for two years.

**1958. Ongelofelijk – Incredible**

Dat sprookje is **ongelofelijk**.

That fairy tale is **incredible**.

**1959. Vlieg – Fly**

Ik **vlieg** met KLM.

I **fly** with KLM.

**1960. Kerstmis – Christmas**

**Kerstmis** is bij ons thuis.

**Christmas** is at our house.

**1961. Drinkt – Drinks**

Hij **drinkt** dagelijks.

He **drinks** on a daily basis.

**1962. Lef – Guts**

Die gast heeft **lef**.

That guy has some **guts**.

**1963. Vijftien – Fifteen**

Ik haalde mijn diploma toen ik **vijftien** was.

I got my diploma when I was **fifteen**.

**1964. Grijp – Grab**

**Grijp** het met beide handen vast.

**Grab** it with both hands.

**1965. Verslagen – Defeated**

Ze hebben de tegenstander **verslagen**.

They have **defeated** the opponent.

**1966. Terugkomt – Returns**

Ik weet niet zeker of hij **terugkomt**.

I'm not sure if he **returns**.

**1967. Interesse – Interested**

Ik heb **interesse** in twee kaartjes.

I'm **interested** in two tickets.

**1968. Gave – Gift**

Tekenen is zijn **gave**.

Drawing is his **gift**.

**1969. Virus – Virus**

Het **virus** verspreid zich snel.

The **virus** is spreading quickly.

**1970. Vinger – Finger**
Ik heb een gebroken **vinger**.
I have a broken **finger**.

**1971. Huur – Rent**
Mijn **huur** is weer verhoogd.
My **rent** was increased again.

**1972. Groen – Green**
Mijn hele inrichting is **groen**.
My entire interior is **green**.

**1973. Doorheen – Through**
Zij zal zich er **doorheen** vechten.
She will fight **through** it.

**1974. Wed – Bet**
**Wed** jij weleens op internet?
Do you **bet** online sometimes?

**1975. Wensen – Wish**
We **wensen** je veel sterkte.
We **wish** you a lot of strength.

**1976. Vanochtend – This Morning**
Ik ben **vanochtend** vergeten in te checken.
I forgot to check in **this morning**.

**1977. Jongeman – Young Man**
Deze **jongeman** heeft manieren.
This **young man** has manners.

**1978. Rechten – Rights**
Lees hem zijn **rechten** voor.
Read him his **rights**.

**1979. Schrikken – Scared**
Zij liet me **schrikken**.
She **scared** me.

**1980. Kelly – Kelly**
Ik luister altijd naar **Kelly**.
I always listen to **Kelly**.

**1981. Gouverneur – Governor**
De **gouverneur** krijgt een tweede termijn.
The **governor** will get a second term.

**1982. Schattig – Cute**
Zij ziet er **schattig** uit.
She looks **cute**.

**1983. Blijkt – Turns Out**
Het **blijkt** dat hij het niet wist.
It **turns out** that he didn't know.

**1984. Zuiden – South**
Noord-Brabant ligt in het **zuiden**.
North Brabant is located in the **south**.

**1985. Orders – Orders**
Hij neemt geen **orders** aan.
He doesn't take any **orders**.

**1986. Nogmaals – Again**
Probeer het **nogmaals**.
Try it **again**.

**1987. Lekkere – Tasty**
Wat een **lekkere** snack.
What a **tasty** snack.

**1988. Opgewonden – Turned on**
Hij raakte **opgewonden** van het optreden.
The performance had him **turned on**.

**1989. Menselijk – Human**
Verdrietig zijn is **menselijk**.
Being sad is **human**.

**1990. Aap – Monkey**
De **aap** leeft in Artis.
The **monkey** lives in Artis.

**1991. Verdien – Earn**
Wat **verdien** je per maand?
What do you **earn** per month?

**1992. Medelijden – Pity**
Je moet hem niet uit **medelijden** helpen.
You shouldn't help him out of **pity**.

**1993. Gevangene – Prisoner**
De **gevangene** probeerde te ontsnappen.
The **prisoner** tried to escape.

**1994. Kilo – Kilo**
Ik koop een **kilo** aardappels.
I'm buying a **kilo** of potatoes.

**1995. Daarheen – There**
We gaan samen **daarheen**.
We will go **there** together.

**1996. Californië – California**
San Francisco is gelegen in **Californië**.
San Francisco is situated in **California**.

**1997. Logische – Logical**

Het is een **logische** verklaring.

It's a **logical** explanation.

**1998. Kaartje – Ticket**

Het **kaartje** is verkocht.

The **ticket** is sold.

**1999. Voorlopig – Time Being**

Hij komt **voorlopig** niet werken.

He will not come to work for the **time being**.

# Chapter 9

**2000. Verdedigen – Defend**

Ik zal haar **verdedigen**.

I will **defend** her.

**2001. Medische – Medical**

Hij kon niet mee vanwege **medische** redenen.

He couldn't join due to **medical** reasons.

**2002. Julia – Julia**

**Julia** is een mooie naam.

**Julia** is a beautiful name.

**2003. Bovendien – Moreover**

**Bovendien**, bleek het al geregeld te zijn.

**Moreover**, it was already taken care of.

**2004. Achterlaten – Leave Behind**

Ik zal de meeste spullen **achterlaten**.

I will **leave behind** most of the stuff.

**2005. Aangevallen – Attacked**

Hij werd door een krokodil **aangevallen**.

He was **attacked** by the crocodile.

**2006. Matt – Matt**

**Matt** Damon heeft een ster op de Hollywood Walk of Fame.

**Matt** Damon has a star on the Hollywood Walk of Fame.

**2007. Hang – Hanging**

Ik **hang** de was op.

I'm **hanging** up the laundry.

**2008. Documenten – Documents**

Er zijn veel **documenten** die ontbreken.

Lots of **documents** are missing.

**2009. Besluit – Decision**

Het **besluit** staat vast.

The **decision** is final.

**2010. Makker – Buddy**

Lars is mijn **makker**.

Lars is my **buddy**.

**2011. Raden – Guess**

Je moet **raden**.

You have to **guess**.

**2012. Opzoeken – Look Up**

Ik ga het nummer **opzoeken**.

I will **look up** the number.

**2013. Opgesloten – Locked Up**

Hij zit de rest van zijn leven **opgesloten**.

He is **locked up** for the rest of his life.

**2014. Ontzettend – Very**

Zij is **ontzettend** aardig.

She is **very** nice.

**2015. Zwijg – Be Silent**

**Zwijg** als het graf.

**Be silent** as the grave.

**2016. Horloge – Watch**

Mijn **horloge** loopt achter.

My **watch** is running slow.

**2017. Aanraken – Touch**

Je mag me niet **aanraken**.

You can't **touch** me.

**2018. Verhuizen – Move Out**

We gaan morgen **verhuizen**.

We will **move out** tomorrow.

**2019. Verantwoordelijkheid – Responsibility**

Je kunt de **verantwoordelijkheid** niet ontlopen.

You can't walk away from the **responsibility**.

**2020. Wellicht – Perhaps**

**Wellicht** kun je het nog veranderen.

**Perhaps** you can still change it.

**2021. Normale – Normal**

In **normale** omstandigheden, zal dit niet gebeurd zijn.

In **normal** circumstances, this wouldn't have happened.

**2022. Adam – Adam**

**Adam** en Eva.

**Adam** and Eve.

**2023. Telt – Counts**

Dat is alles wat **telt**.

That is everything that **counts**.

**2024. Plicht – Duty**

Zij heeft haar **plicht** volbracht.

She fulfilled her **duty**.

**2025. Dier – Animal**

Wat is jouw favoriete **dier**?

What is your favorite **animal**?

**2026. Toestand – Condition**

Hij verkeert in slechte **toestand**.

He is in bad **condition**.

**2027. Gedag – Goodbye**

Zeg hem **gedag**.

Say **goodbye** to him.

**2028. Voorstel – Proposal**

Accepteer je het **voorstel**?

Will you accept the **proposal**?

**2029. Groener – Greener**

Het gras is **groener** aan de overkant.

The grass is **greener** on the other side.

**2030. Vermoordde – Murdered**

Zij **vermoordde** meerdere mensen.

She **murdered** multiple people.

**2031. Station – Station**

Het **station** is tien-minuten lopen.

The **station** is a ten-minute walk.

**2032. Mogen – May**

We **mogen** het hopen.

We **may** hope so.

**2033. Robert – Robert**

**Robert** is mijn compagnon.

**Robert** is my companion.

**2034. Pillen – Pills**

Ik slik de **pillen** elke dag.

I swallow the **pills** every day.

**2035. Gaande – Going On**

Er is veel **gaande**.

There is a lot **going on**.

**2036. Huizen – Houses**

De **huizen** staan dicht op elkaar.

The **houses** are close to each other.

**2037. Wassen – Washing**

Kleding **wassen** doe ik bij de wasserette.

**Washing** clothes is what I do at the laundromat.

**2038. Scheelt – Saves**

Kopen in die winkel **scheelt** veel geld.

Buying in that store **saves** lots of money.

**2039. Brieven – Letters**

Ik heb al je **brieven** bewaard.

I kept all your **letters**.

**2040. Stenen – Stones**

De **stenen** zijn enorm zwaar.

The **stones** are really heavy.

**2041. Herken – Recognize**

Ik **herken** haar niet meer.

I don't **recognize** her anymore.

**2042. Gescheiden – Separated**

Zij leven al jaren **gescheiden**.

They have been living **separated** for years.

**2043. Carl – Carl**

Ik ken **Carl** van de kerk.

I know **Carl** from church.

**2044. Leefde – Lived**

Hij **leefde** voor de sport.

He **lived** for sports.

**2045. Franse – French**

**Franse** wijn is de beste.

**French** wine is the best.

**2046. Jeugd – Youth**

De **jeugd** moet vaker naar buiten gaan.

The **youth** has to go outside more often.

**2047. Sigaret – Cigarette**

Steek die **sigaret** aan.

Light up that **cigarette**.

**2048. Schrijver – Writer**

De **schrijver** heeft al drie boeken geschreven.

The **writer** already wrote three books.

**2049. Omgeving – Environment**

Zij groeide op in een slechte **omgeving**.

She grew up in a bad **environment**.

**2050. Cliënt – Client**

Zijn **cliënt** was niet tevreden.

His **client** was not satisfied.

**2051. Tegelijk – Same Time**

We moeten het **tegelijk** doen.

We have to do it at the **same time**.

**2052. Elf – Eleven**

Er zitten **elf** spelers in het team.

There are **eleven** players on the team.

**2053. Gegevens – Data**

Met de **gegevens** kun je een hoop te weten komen.

You'll get to know a lot with the **data**.

**2054. Manager – Manager**

Ik word volgend jaar **manager**.

I will become **manager** next year.

**2055. Woestijn – Desert**

De Sahara **Woestijn** is de grootste ter wereld.

The Sahara **Desert** is the biggest in the world.

**2056. Herinneringen – Memories**

We hebben mooie **herinneringen** samen.

We have beautiful **memories** together.

**2057. Geheugen – Memory**

Ik ga mijn **geheugen** opfrissen.

I'm going to freshen up my **memory**.

**2058. Ontvoerd – Kidnapped**

Uiteindelijk, werd er niemand **ontvoerd**.

In the end, no one got **kidnapped**.

**2059. Opgepakt – Arrested**

De hele groep werd **opgepakt**.

The whole group got **arrested**.

**2060. Ophangen – Hang Up**

Je kunt niet zomaar **ophangen**.

You can't just **hang up**.

**2061. Oké – Okay**

**Oké**, wacht hier even.

**Okay**, wait here for a while.

**2062. Kist – Box**

De **kist** zit vol oude foto's.

The **box** is full of old pictures.

**2063. Artikel – Article**

Het **artikel** werd alom bekritiseerd.

The **article** was widely criticized.

**2064. Bevelen – Command**

Hij volgt alle **bevelen** op.

He follows up on every **command**.

**2065. Behandelen – Treat**

Ze moeten hem voor die aandoening **behandelen**.

They have to **treat** him for that condition.

**2066. Officieel – Official**

Ze hebben hun relatie **officieel** gemaakt.

They made their relationship **official**.

**2067. Bescherming – Protection**

Ik draag een masker ter **bescherming**.

I wear a mask for **protection**.

**2068. Kasteel – Castle**

Alle prinsen wonen in een **kasteel**.

All the princes live in a **castle**.

**2069. Voorbeeld – Example**

Hij geeft een goed **voorbeeld**.

He gives a good **example**.

**2070. Duitse – German**

De **Duitse** taal lijkt op de Nederlandse.

The **German** language is similar to the Dutch one.

**2071. Stront – Shit**

Het ruikt hier naar **stront**.

It smells like **shit** in here.

**2072. Kerstman – Santa Claus**

Ik speel elk jaar **kerstman** tijdens de feestdagen.

I play **Santa Claus** every year during the holidays.

**2073. Dwars – Bother**

Zitten ze je **dwars**?

Do they **bother** you?

**2074. Ontdekken – Discover**

Ze gaan het gebied **ontdekken**.

They are going to **discover** the area.

**2075. Waardeer – Appreciate**

Ik **waardeer** je medewerking.

I **appreciate** your cooperation.

**2076. Spiegel – Mirror**

Kijk in de **spiegel**.

Look in the **mirror**.

**2077. Waarschuwen – Warn**

Je moet hem **waarschuwen**.

You have to **warn** him.

**2078. Prettig – Pleasant**

De ontmoeting was **prettig**.

The encounter was **pleasant**.

**2079. Tellen – Count**

Als ik niet kan slapen, ga ik schaapjes **tellen**.

When I can't sleep, I **count** sheep.

**2080. Jochie – Kid**

Wat een vriendelijk **jochie**.

What a friendly **kid**.

**2081. Omstandigheden – Circumstances**

De **omstandigheden** zijn ideaal.

The **circumstances** are perfect.

**2082. Keizer – Emperor**

De **keizer** woont in een paleis.

The **emperor** lives in a palace.

**2083. Dubbele – Double**

Graag een **dubbele** whisky.

A **double** whiskey, please.

**2084. Redenen – Reasons**

Er zijn zoveel **redenen** om te gaan.

There are so many **reasons** to go.

**2085. Bord – Plate**
Leg het op mijn **bord**.
Put it on my **plate**.

**2086. Lichten – Lights**
De **lichten** springen op groen.
The **lights** are turning green.

**2087. Keel – Throat**
Ik schraap mijn **keel**.
I clear my **throat**.

**2088. Amy – Amy**
**Amy** Winehouse was mijn favoriete zangeres.
**Amy** Winehouse was my favorite singer.

**2089. Verdieping – Floor**
Mijn kantoor zit op de derde **verdieping**.
My office is on the third **floor**.

**2090. Gereed – Ready**
Maak je koffer **gereed**.
Get your suitcase **ready**.

**2091. Dichter – Closer**
Je moet **dichter** bij het stuur gaan zitten.
You have to sit **closer** to the wheel.

**2092. Helen – Heal**
Het zal langzaam **helen**.
It will **heal** slowly.

**2093. Pauze – Break**
In mijn **pauze**, maak ik graag kruiswoordpuzzels.
During my **break**, I like to make crossword puzzles.

**2094. Gepleegd – Committed**

Hij heeft een misdaad **gepleegd**.

He **committed** a felony.

**2095. Vliegt – Flies**

De luchtvaartmaatschappij **vliegt** elke dag van Amsterdam naar Madrid.

The airline **flies** from Amsterdam to Madrid every day.

**2096. Kyle – Kyle**

**Kyle** is mijn jongste broertje.

**Kyle** is my youngest brother.

**2097. Testen – Test**

De **testen** kunnen het bewijzen.

The **tests** can prove it.

**2098. Melden – Report**

Ze moeten deze overtreding **melden**.

They have to **report** this violation.

**2099. Commissaris – Commissioner**

Hij is gepromoveerd tot **commissaris**.

He is promoted to **commissioner**.

**2100. Terrein – Terrain**

Het is onbegaanbaar **terrein**.

The **terrain** is unrideable.

**2101. Brian – Brian**

Met **Brian** ga ik vaak mountainbiken.

I often go mountain biking with **Brian**.

**2102. Bedoeld – Intended**
Dit was niet zo **bedoeld**.
This was not **intended** this way.

**2103. Verzet – Resistance**
Het **verzet** is gebroken.
The **resistance** is broken.

**2104. Ellende – Misery**
De **ellende** houdt aan.
The **misery** continues.

**2105. Video – Video**
Ik kan de **video** niet laden.
I can't load the **video**.

**2106. Verzoek – Request**
Het **verzoek** is afgewezen.
The **request** is denied.

**2107. Natuur – Nature**
Er is veel **natuur** in Nederland.
There is a lot of **nature** in the Netherlands.

**2108. Aanbieden – Offer**
Ik wil hem graag een korting **aanbieden**.
I would like to **offer** him a discount.

**2109. Geintje – Joke**
Het was maar een **geintje**.
It was just a **joke**.

**2110. Briefje – Note**
Het **briefje** raakte kwijt.
The **note** got lost.

**2111. Vijftig – Fifty**

*Vijftig* Tinten Grijs.

*Fifty* Shades of Grey.

**2112. Morgan – Morgan**

Piers **Morgan** is een talkshowhost.

Piers **Morgan** is a talk show host.

**2113. Aanbod – Offer**

Het is een **aanbod** dat zij niet af kon slaan.

It's an **offer** that she couldn't refuse.

**2114. Leo – Leo**

**Leo** zat naast mij bij de cursus.

**Leo** sat next to me during the training.

**2115. Leugens – Lies**

Ik ben de **leugens** zat.

I'm sick of the **lies**.

**2116. Smerige – Dirty**

Ze spelen **smerige** spelletjes.

They play **dirty** games.

**2117. Heks – Witch**

Zij is een echte **heks**.

She is a real **witch**.

**2118. Behandeld – Treated**

Hij werd **behandeld** voor de aandoening.

He was **treated** for the condition.

**2119. Hekel – Dislike**

Ik heb een **hekel** aan bevelen.

I **dislike** getting orders.

**2120. Sla – Lettuce**
Er hoort sla bij dat gerecht.
You have to add lettuce to that dish.

**2121. Moeilijke – Hard**
Het zijn moeilijke omstandigheden.
The conditions are hard.

**2122. Aanwezig – Present**
Iedereen is aanwezig.
Everyone is present.

**2123. Borst – Chest**
Ik heb jeuk op mijn borst.
I have an itch on my chest.

**2124. Trok – Pulled**
Ik trok de kar achter me aan.
I pulled the cart behind me.

**2125. Meedoen – Participate**
Meedoen is belangrijker dan winnen.
To participate is more important than to win.

**2126. Koers – Rate**
De koers van de Amerikaanse Dollar stijgt.
The rate of the American Dollar is going up.

**2127. Gebouwd – Built**
De parkeergarage werd gebouwd.
The parking garage was built.

**2128. Vals – False**
De verklaring was vals.
The statement was false.

**2129. Wandelen – Walk**

We gaan een stukje **wandelen**.

We will go for a **walk**.

**2130. Wedden – Betting**

Online kun je op sporten **wedden**.

Online you can do **betting** on sports.

**2131. Opgenomen – Included**

Alle feiten werden **opgenomen** in het rapport.

All facts were **included** in the report.

**2132. Verdriet – Sadness**

Hij straalt veel **verdriet** uit.

He shows signs of **sadness**.

**2133. Sliep – Slept**

Hij **sliep** naast mij.

He **slept** next to me.

**2134. Regen – Rain**

De **regen** duurt al vier dagen lang.

The **rain** has been going on for four days.

**2135. Gas – Gas**

De prijs van het **gas** daalt.

The price of **gas** is going down.

**2136. Verstoppen – Hide**

Iedereen moet zich **verstoppen**.

Everyone has to **hide**.

**2137. Leugen – Lie**

Die **leugen** is ongekend.

That **lie** is outrageous.

**2138. Geldt – Applies**

Deze maatregel **geldt** voor iedereen.

This measure **applies** to everyone.

**2139. Race – Race**

De **race** was nooit spannend.

The **race** was never close.

**2140. Rosé – Rose**

**Rosé** is heerlijk verfrissend.

**Rosé** is deliciously refreshing.

**2141. Verderop – Further**

We gaan een stukje **verderop** staan.

We will go stand a little **further** down.

**2142. WC – Toilet**

De **WC** zat verstopt.

The **toilet** was clogged.

**2143. Touw – Rope**

Het **touw** brak.

The **rope** broke.

**2144. Bezoeken – Visit**

We gaan een museum **bezoeken**.

We will **visit** a museum.

**2145. Veroorzaakt – Causes**

Het **veroorzaakt** ziektes en kwalen.

It **causes** diseases and ailments.

**2146. Burgers – Citizens**

Alle **burgers** kwamen in opstand.

All **citizens** rebelled.

**2147. Toegeven – Admit**

Ik kan niet anders dan het **toegeven**.

I can't do anything other than **admit** it.

**2148. Minstens – At Least**

Je moet **minstens** twee scheppen meel toevoegen.

You have to add **at least** two scoops of flour.

**2149. Graven – Dig**

We moesten uren **graven**.

We had to **dig** for hours.

**2150. Haten – Hate**

**Haten** is nooit goed.

To **hate** is never good.

**2151. Dienen – Serve**

Om te **dienen** en te beschermen.

To **serve** and protect.

**2152. Daarin – In There**

Ik heb **daarin** gezeten.

I sat **in there**.

**2153. Chuck – Chuck**

Bij **Chuck**, voel ik mij veilig.

With **Chuck**, I feel safe.

**2154. Buik – Belly**

Mijn **buik** wordt steeds groter.

My **belly** keeps growing.

**2155. Amerikanen – Americans**

De meeste **Amerikanen** wonen in Californië.

Most **Americans** live in California.

**2156. Handel – Trade**

De **handel** kreeg een flinke klap.

The **trade** took a beating.

**2157. Verkoopt – Sells**

Zij **verkoopt** al haar handel.

She **sells** all her merchandise.

**2158. Muren – Walls**

De **muren** komen op me af.

The **walls** are coming at me.

**2159. Kampioen – Champions**

Wij zijn de **kampioen**.

We are the **champions**.

**2160. Vervangen – Replace**

We kunnen hem niet **vervangen**.

We can't **replace** him.

**2161. Slimme – Smart**

Je moet een **slimme** methode vinden.

You have to find a **smart** method.

**2162. Ren – Run**

Ik **ren** harder dan iedereen.

I **run** faster than everyone.

**2163. Overtuigd – Convinced**

Hij heeft me **overtuigd** die investering te doen.

He **convinced** me to do that investment.

**2164. Beelden – Footage**

De **beelden** zijn gewist.

The **footage** is deleted.

**2165. Ramp – Disaster**

De **ramp** kon niet voorkomen worden.

The **disaster** couldn't be avoided.

**2166. Onthouden – Remember**

Je moet alle sommen **onthouden**.

You have to **remember** all sums.

**2167. Vormen – Shaping**

We **vormen** een nieuwe gemeenschap.

We are **shaping** a new community.

**2168. Simon – Simon**

**Simon** is een wereldgozer.

**Simon** is an amazing guy.

**2169. Beroep – Profession**

Mijn **beroep** is timmerman.

My **profession** is carpenter.

**2170. Redelijk – Reasonable**

De prijs is **redelijk**.

The price is **reasonable**.

**2171. Minister – Minister**

Zij is de **minister** van justitie.

She is the **minister** of justice.

**2172. Rechtbank – Court**

De **rechtbank** zat helemaal vol voor de rechtszaak.

The **court** was completely full for the court case.

**2173. Theorie – Theory**

De **theorie** is erg gecompliceerd.

The **theory** is very complicated.

**2174. Ted – Ted**
Met **Ted**, is het altijd lachen.
With **Ted**, it's always fun.

**2175. Roger – Roger**
Met **Roger** kan ik erg goed opschieten.
I get along well with **Roger**.

**2176. Groeien – Grow**
Ik ga de planten laten **groeien**.
I will let the plants **grow**.

**2177. Schepen – Ships**
Alle **schepen** komen de haven binnen.
All **ships** are entering the harbor.

**2178. Waarde – Value**
De **waarde** van de aandelen blijft dalen.
The **value** of the stocks keeps decreasing.

**2179. Vierde – Fourth**
Romano zit in de **vierde** klas.
Romano is in **fourth** grade.

**2180. Spring – Jump**
Ik **spring** over de horde.
I **jump** over the hurdle.

**2181. Ruiken – Smell**
Je kunt het vlees hier al **ruiken**.
You can already **smell** the meat here.

**2182. Texas – Texas**
Austin is de hoofdstad van **Texas**.
Austin is the capital of **Texas**.

**2183. Maakten – Made**

We **maakten** een opvallende entree.

We **made** a striking entrance.

**2184. Daarbij – Thereby**

**Daarbij**, wil ik duidelijk zijn.

**Thereby**, I want to be clear.

**2185. Kevin – Kevin**

**Kevin** Hart maakt me altijd aan het lachen.

**Kevin** Hart always makes me laugh.

**2186. Doelwit – Target**

Wat is het **doelwit**?

What is the **target**?

**2187. Hierin – In Here**

Wat heb je **hierin** gestopt?

What did you put **in here**?

**2188. Aangezien – Since**

**Aangezien** jij niet komt, ga ik ook niet.

**Since** you are not coming, I won't go either.

**2189. Jason – Jason**

Ik speel graag Pokemon Go met **Jason**.

I like to play Pokemon Go with **Jason**.

**2190. Militaire – Military**

Hij heeft een hoop geleerd in **militaire** dienst.

He learned a lot in **military** service.

**2191. Joden – Jews**

Er komen veel **joden** naar de synagoge.

Lots of **Jews** come to the synagogue.

**2192. Jesse – Jesse**

Ik kan **Jesse** op gitaar spelen.

I can play **Jesse** on the guitar.

**2193. Stonden – Stood**

We **stonden** in de rij.

We **stood** in line.

**2194. Schoft – Bastard**

Hij is een echte **schoft**.

He is a real **bastard**.

**2195. Beer – Bear**

De **beer** is gevaarlijk.

The **bear** is dangerous.

**2196. Plegen – Commit**

Ze **plegen** op deze manier overtreding.

They will **commit** a crime this way.

**2197. Ongerust – Worried**

Ik was zo **ongerust**.

I was really **worried**.

**2198. Leest – Reads**

Zij **leest** veel lifestyle bladen.

She **reads** lots of lifestyle magazines.

**2199. Wild – Wild**

We leven in het **wild**.

We live in the **wild**.

**2200. Amper – Barely**

Ik kan het **amper** geloven.

I can **barely** believe it.

**2201. Spelletjes – Games**

We spelen graag **spelletjes** als Fortnite.

We like playing **games** like Fortnite.

**2202. Ernaar – To It**

Ik kom **ernaar** toe.

I will come **to it**.

**2203. Bewaren – Keep**

Je moet de doos **bewaren**.

You have to **keep** the box.

**2204. Troepen – Troops**

De **troepen** marcheerden de grens over.

The **troops** marched across the border.

**2205. Wegkomt – Get Away**

Ik weet niet of hij ermee **wegkomt**.

I don't know if he will **get away** with it.

**2206. Verband – Bandage**

Het **verband** zit los.

The **bandage** is loose.

**2207. Scheiden – Separate**

Je moet het afval **scheiden**.

You have to **separate** the trash.

**2208. Gezellig – Cozy**

De woonkamer is **gezellig** ingericht.

The living room is decorated in a very **cozy** manner.

**2209. Getekend – Drawn**

Hij heeft de horizon **getekend**.

He has **drawn** the horizon.

**2210. Frans – French**
Brie is **Frans**.
Brie is **French**.

**2211. Feiten – Facts**
De **feiten** liegen niet.
The **facts** don't lie.

**2212. Olie – Oil**
**Olie** wordt steeds duurder.
**Oil** keeps getting more expensive.

**2213. Hartstikke – Very**
Dat is **hartstikke** gevaarlijk.
That is **very** dangerous.

**2214. Gezondheid – Health**
**Gezondheid** staat voorop.
**Health** comes first.

**2215. Genie – Genius**
Die man is een **genie**.
That man is a **genius**.

**2216. Controleer – Check**
**Controleer** het alsjeblieft even.
Please **check** it.

**2217. Waardeloos – Worthless**
Dit sieraad is **waardeloos**.
This piece of jewelry is **worthless**.

**2218. Daardoor – Therefore**
**Daardoor**, zijn de regels compleet veranderd.
**Therefore**, the rules have completely changed.

### 2219. Wijze – Way
Op die **wijze** gaat het beter.
It works better that **way**.

### 2220. Ambulance – Ambulance
De **ambulance** kwam pas na een uur.
The **ambulance** took an hour to arrive.

### 2221. Eeuw – Century
Een **eeuw** duurt honderd jaar.
A **century** takes one hundred years.

### 2222. Cheque – Cheque
De **cheque** viel in de brievenbus.
The **cheque** came in the mail.

### 2223. Uiteraard – Of Course
**Uiteraard** kun je dat zelf doen.
**Of course** you can do that yourself.

### 2224. Poort – Gate
Er zit een grote **poort** voor onze oprijlaan.
There is a big **gate** in front of our driveway.

### 2225. Loog – Lied
Hij **loog** over alles.
He **lied** about everything.

### 2226. Verkracht – Raped
De verdachte beweerde niemand te hebben **verkracht**.
The suspect claimed not to have **raped** anyone.

### 2227. Pensioen – Retirement
Zijn **pensioen** komt steeds dichterbij.
His **retirement** keeps getting closer.

**2228. Oor – Ear**
Mijn **oor** is ontstoken.
My **ear** is infected.

**2229. Genaamd – Named**
Een stad **genaamd** Breda.
A city **named** Breda.

**2230. Optreden – Performance**
Het **optreden** werd vroegtijdig afgebroken.
The **performance** was cut short.

**2231. Oefenen – Practice**
Het is veel **oefenen** om de banjo te leren.
It takes a lot of **practice** to learn to play the banjo.

**2232. Niveau – Level**
Het **niveau** van de competitie is immens hoog.
The **level** of the league is incredibly high.

**2233. Walgelijk – Disgusting**
Dat nieuws is **walgelijk**.
That news is **disgusting**.

**2234. Martin – Martin**
**Martin** begrijpt mij niet.
**Martin** doesn't understand me.

**2235. Lunchen – Having Lunch**
We zijn samen aan het **lunchen**.
We are **having lunch** together.

**2236. Woede – Anger**
Hij kon zijn **woede** niet beheersen.
He couldn't control his **anger**.

**2237. Accepteren – Accept**

Je moet de voorwaarden **accepteren**.

You have to **accept** the conditions.

**2238. Zwijgen – Keep Silent**

Het is beter om te **zwijgen**.

It's better to keep **silent**.

**2239. Tel – Count**

Ik ben de **tel** kwijt.

I lost **count**.

**2240. Verloofde – Fiancé**

Mijn **verloofde** en ik gaan volgende maand trouwen.

My **fiancé** and I are getting married next month.

**2241. Zielig – Sad**

Het is een **zielig** verhaal.

It's a **sad** story.

**2242. Valse – False**

Met zijn **valse** paspoort werd hij opgepakt.

He was arrested with his **false** passport.

**2243. Lieten – Let**

Ze **lieten** hem zijn gang gaan.

They **let** him do what he wanted.

**2244. Kocht – Bought**

Ik **kocht** het spel drie jaar geleden.

I **bought** the game three years ago.

**2245. Gewaarschuwd – Warned**

Iedereen had hem **gewaarschuwd**.

Everyone had **warned** him.

**2246. Uh – Uh**
Uh, wat bedoel je?
Uh, what do you mean?

**2247. Varken – Pig**
Dat **varken** is erg groot.
That **pig** is very big.

**2248. Ryan – Ryan**
**Ryan** is mijn teamgenoot.
**Ryan** is my teammate.

**2249. Eenheid – Unit**
Ze werken als een **eenheid**.
They work as a **unit**.

# Chapter 10

**2250. Brave – Good**

Die Labrador is een **brave** hond.

That Labrador is a **good** dog.

**2251. Amen – Amen**

Zeg **amen**.

Say **amen**.

**2252. Vriendschap – Friendship**

Onze **vriendschap** is voor altijd.

Our **friendship** is forever.

**2253. Julie – Julie**

**Julie** houdt van rode rozen.

**Julie** loves red roses.

**2254. Stijl – Style**

Zijn **stijl** is tijdloos.

His **style** is timeless.

**2255. Onthoud – Remember**

Ik **onthoud** altijd alles.

I always **remember** everything.

**2256. Durft – Dare**

Dat **durft** hij niet!

He wouldn't **dare**!

**2257. Benzine – Gasoline**

**Benzine** is erg duur in Nederland.

**Gasoline** is very expensive in the Netherlands.

**2258. Duurde – Lasted**

De toespraak **duurde** oneindig lang.

The speech **lasted** forever.

**2259. Opgelost – Solved**

Het is al **opgelost**.

It's already **solved**.

**2260. Sigaretten – Cigarettes**

Er zitten twintig **sigaretten** in een pakje.

There are twenty **cigarettes** in a pack.

**2261. Idioten – Idiots**

Die **idioten** denken niet aan de consequenties.

Those **idiots** don't think about the consequences.

**2262. Plus – Plus**

Dat is zeker een **plus**.

That is a **plus** for sure.

**2263. Verbonden – Connected**

Via Skype, zijn we constant **verbonden**.

Via Skype, we are constantly **connected**.

### 2264. Tunnel – Tunnel
De **tunnel** leidt naar de andere kant van de berg.
The **tunnel** leads to the other side of the mountain.

### 2265. Bril – Glasses
Die **bril** staat Nigel goed.
Those **glasses** look good on Nigel.

### 2266. Beroemd – Famous
Madonna is al lang **beroemd**.
Madonna has been **famous** for a long time.

### 2267. Tieten – Boobs
Alle **tieten** zijn anders.
All **boobs** are different.

### 2268. Lig – Lie
Terwijl ik op bed **lig**.
While I **lie** down on the bed.

### 2269. Smeek – Beg
Ik **smeek** je mij te vergeven.
I **beg** you to forgive me.

### 2270. Pizza – Pizza
**Pizza** komt uit Napels.
**Pizza** is from Naples.

### 2271. Namelijk – Namely
Ik heb twee huisdieren, **namelijk** een kat en een hond.
I have two pets, **namely** a cat and a dog.

### 2272. Duitsland – Germany
**Duitsland** heeft meer dan 80 miljoen inwoners.
**Germany** has over 80 million citizens.

**2273. Smerig – Nasty**

Die cocktail is erg **smerig**.

That cocktail is very **nasty**.

**2274. Reputatie – Reputation**

Nederland heeft een goede **reputatie** betreffende watermanagement.

The Netherlands has a good **reputation** regarding water management.

**2275. Belangrijker – More Important**

Het is **belangrijker** om op tijd te zijn.

It's **more important** to be on time.

**2276. Vogels – Birds**

De **vogels** fluiten.

The **birds** are singing.

**2277. Sara – Sara**

**Sara** heeft een nieuwe rok.

**Sara** has a new skirt.

**2278. Sneeuw – Snow**

In Aspen, ligt veel **sneeuw**.

In Aspen, there is a lot of **snow**.

**2279. Mankeert – Is Wrong**

Wat **mankeert** je vader?

What **is wrong** with your dad?

**2280. Ademen – Breathing**

Je moet blijven **ademen**.

You have to keep **breathing**.

**2281. Scène – Scene**

Een **scène** schoppen.

Causing a **scene**.

**2282. Snelheid – Speed**

Hij overtrad de limiet qua **snelheid**.

He violated the **speed** limit.

**2283. Daaraan – Thereto**

Alles **daaraan** gerelateerd.

Everything related **thereto**.

**2284. Breekt – Breaks**

Zij **breekt** alle records.

She **breaks** all the records.

**2285. Stopte – Stopped**

Ik **stopte** jaren geleden met fastfood.

I **stopped** eating fast food years ago.

**2286. Sprong – Jumped**

Hij **sprong** uit het raam.

He **jumped** out of the window.

**2287. Bleek – Turned Out**

Het **bleek** vals alarm.

It **turned out** to be a false alarm.

**2288. Verslag – Report**

Het **verslag** had een schokkende uitkomst.

The **report** had a shocking outcome.

**2289. Gedeelte – Part**

Het eerste **gedeelte** is het beste.

The first **part** is the best.

**2290. Moordenaars – Killers**

De **moordenaars** zijn nog altijd voortvluchtig.

The **killers** are still on the loose.

**2291. Hoefde – Necessary**

Het **hoefde** niet meer.

It was no longer **necessary**.

**2292. Diner – Dinner**

Het **diner** was heerlijk.

The **dinner** was delicious.

**2293. Vuil – Dirty**

Danny speelt een **vuil** spel.

Danny plays a **dirty** game.

**2294. Waarschuw – Warn**

**Waarschuw** je hem voor het gevaar?

Do you **warn** him about the danger?

**2295. Onderwerp – Subject**

Ze verandert steeds het **onderwerp**.

She keeps changing the **subject**.

**2296. Kleed – Carpet**

Het **kleed** is geïnspireerd door moderne kunst.

The **carpet** is inspired by modern art.

**2297. Jenny – Jenny**

**Jenny** heeft geen rijbewijs.

**Jenny** doesn't have a driver's license.

**2298. Jacht – Hunt**

De **jacht** is geopend.

The **hunt** is on.

**2299. Beweegt – Moves**

Hij **beweegt** als een echte danser.

He **moves** like a real dancer.

**2300. Reactie – Response**

Die **reactie** was onnodig.

That **response** was uncalled for.

**2301. Mogelijkheid – Possibility**

Er is een **mogelijkheid**.

There is a **possibility**.

**2302. Goedenacht – Good Night**

**Goedenacht** en slaap lekker.

**Good night** and sleep tight.

**2303. Pop – Doll**

De **pop** is haar enige speelgoed.

The **doll** is her only toy.

**2304. Phil – Phil**

Ik werk graag met **Phil**.

I like working with **Phil**.

**2305. Linda – Linda**

**Linda** is de naam van een populair Nederlands tijdschrift.

**Linda** is the name of a popular Dutch magazine.

**2306. Klok – Clock**

De **klok** tikt.

The **clock** is ticking.

**2307. Kerstfeest – Christmas**

Vrolijk **Kerstfeest**!

Merry **Christmas**!

**2308. Vergist – Mistaken**
Jammer, genoeg heeft hij zich **vergist**.
Sadly, he was **mistaken**.

**2309. Dekking – Coverage**
Zij heeft een goede **dekking** op haar verzekering.
She has good **coverage** on her insurance.

**2310. Lippen – Lips**
Ik heb droge **lippen**.
I have dry **lips**.

**2311. Geliefde – Lover**
Zij is mijn **geliefde**.
She is my **lover**.

**2312. Excuus – Excuse**
Dat is geen **excuus**.
That's not an **excuse**.

**2313. Voldoende – Enough**
Ik heb **voldoende** gezien.
I have seen **enough**.

**2314. Eric – Eric**
**Eric** twijfelt over zijn toekomst.
**Eric** is having doubts about his future.

**2315. Tweeën – Twos**
In mijn pincode zitten veel **tweeën**.
My pincode has many **twos**.

**2316. Teleurgesteld – Disappointed**
Het resultaat heeft me **teleurgesteld**.
The results **disappointed** me.

**2317. Las – Read**

Ik **las** soms wel tien boeken per week.

I used to **read** up to ten books a week.

**2318. Afgesloten – Closed**

De promenade is **afgesloten**.

The boardwalk is **closed**.

**2319. Lichamen – Bodies**

De **lichamen** werden geborgen.

The **bodies** were recovered.

**2320. Diamanten – Diamonds**

De **diamanten** maken mijn outfit af.

The **diamonds** complete my outfit.

**2321. Haalde – Got**

Ik **haalde** net boodschappen.

I just **got** groceries.

**2322. Graden – Degrees**

Het kan hier tot wel veertig **graden** warm worden.

It can get up to forty **degrees** in here.

**2323. Onszelf – Ourselves**

We moeten **onszelf** belonen.

We have to reward **ourselves**.

**2324. Elizabeth – Elizabeth**

Mijn tweede naam is **Elizabeth**.

My second name is **Elizabeth**.

**2325. Noch – Neither**

Noch Tessa **noch** Burt hadden het gezien.

**Neither** Tessa nor Burt had seen it.

**2326. Gevochten – Fought**

Ze hebben hard **gevochten** voor hun rechten.

They **fought** hard for their rights.

**2327. Besef – Realization**

Het **besef** kwam later pas.

The **realization** did not come until later.

**2328. Allerlei – All Kinds Of**

We zien **allerlei** dingen hier.

We encounter **all kinds of** things here.

**2329. Victor – Victor**

Ik ga met **Victor** naar Kroatië.

I'm going to Croatia with **Victor**.

**2330. Stinkt – Stinks**

Het **stinkt** hier naar riool.

It **stinks** like sewer in here.

**2331. Lijf – Body**

Zij heeft een goddelijk **lijf**.

She has a divine **body**.

**2332. Cijfers – Numbers**

De **cijfers** liegen niet.

The **numbers** don't lie.

**2333. Volkomen – Completely**

Het is **volkomen** onaanvaardbaar.

It is **completely** unacceptable.

**2334. Broertje – Little Brother**

Mijn **broertje** is beter in paintball dan ik.

My **little brother** is better at paintball than me.

**2335. Winnaar – Winner**

De **winnaar** krijgt alles.

The **winner** takes it all.

**2336. Roept – Calls**

Zij **roept** op tot een boycot.

She **calls** for a boycott.

**2337. Hout – Wood**

Mijn hut is van **hout**.

My cabin is made from **wood**.

**2338. Maag – Stomach**

Mijn **maag** draaide ervan om.

It made my **stomach** turn.

**2339. Verandering – Change**

Elke **verandering** is positief.

Every **change** is positive.

**2340. Geur – Smell**

De **geur** is niet te verdragen.

The **smell** is impossible to handle.

**2341. Smeerlap – Pig**

Ik kan niet in een ruimte zijn met die **smeerlap**.

I can't be in the same room with that **pig**.

**2342. Doodt – Kills**

Die bacterie **doodt** alles.

That bacteria **kills** everything.

**2343. Voort – On**

We borduren **voort** op de successen.

We build **on** those successes.

**2344. Tim – Tim**
Tim werkt in de autofabriek.
Tim works in the car factory.

**2345. Emily – Emily**
Ik kan Emily niet uitstaan.
I can't stand Emily.

**2346. Zicht – Sight**
Mijn zicht verslechtert langzaam.
My sight is slowly getting worse.

**2347. Omlaag – Down**
Je moet omlaag kijken.
You have to look down.

**2348. Meerdere – Multiple**
Zij spreekt meerdere talen.
She speaks multiple languages.

**2349. Schande – Disgrace**
Het was een grote schande.
It was a big disgrace.

**2350. Geheel – Whole**
Zij functioneren als een geheel.
They function as a whole.

**2351. Collega – Colleague**
Die collega heeft altijd een goed humeur.
That colleague is always in a good mood.

**2352. Sean – Sean**
Ik ga bij Sean logeren.
I will go stay with Sean.

**2353. Omgaan – Hang Out**

Het is altijd gezellig wanneer we met elkaar **omgaan**.

It's always fun when we **hang out**.

**2354. Kloppen – Knock**

Je moet **kloppen** want de bel doet het niet.

You have to **knock** because the doorbell doesn't work.

**2355. Puur – Pure**

Ik eet chocolade het liefst **puur**.

I like to eat **pure** chocolate.

**2356. Lossen – Unload**

The truck gaat alle goederen **lossen**.

The truck will **unload** all the goods.

**2357. Achteren – Behind**

Zij komt van **achteren** op me af.

She approaches me from **behind**.

**2358. Wetenschap – Science**

Ik ben altijd gefascineerd geweest door **wetenschap**.

I have always been fascinated by **science**.

**2359. Uniform – Uniform**

Nick gaat naar school in **uniform**.

Nick goes to school in **uniform**.

**2360. Russische – Russian**

Hij heeft een **Russische** vader.

He has a **Russian** dad.

**2361. Fantastische – Fantastic**

Wat een **fantastische** prestatie.

What a **fantastic** performance.

**2362. Zette – Put**
Ik zette hem op zijn plek.
I put him in his place.

**2363. 's Avonds – At Night**
's Avonds, gaat de zon onder.
At night, the sun goes down.

**2364. Donderdag – Thursday**
Op donderdag, ga ik squashen.
On Thursday, I play squash.

**2365. Roy – Roy**
Roy is mijn neef.
Roy is my cousin.

**2366. Grotere – Bigger**
Stella heeft steeds grotere doelen.
Stella constantly has bigger goals.

**2367. Hof – Court**
Het hof zal uitspraak doen.
The court will rule.

**2368. Dringend – Urgent**
Die e-mail is dringend.
That e-mail is urgent.

**2369. Zwembad – Pool**
Eindhoven heeft een tropisch zwembad.
Eindhoven has a tropical pool.

**2370. Verstandig – Wise**
Zij maakt verstandige keuzes.
She makes wise decisions.

**2371. Plotseling – Suddenly**
Hij is **plotseling** overleden.
He **suddenly** passed away.

**2372. Herhaal – Repeat**
**Herhaal** de zin nog eens.
**Repeat** the sentence again.

**2373. Verdediging – Defense**
Zijn **verdediging** was niet erg sterk.
His **defense** was not very strong.

**2374. Job – Job**
**Job** is een mafkees.
**Job** is a weirdo.

**2375. Overwinning – Victory**
De **overwinning** werd veiliggesteld.
The **victory** was secured.

**2376. Bijbel – Bible**
Hij leest voor uit de **bijbel**.
He reads from the **bible**.

**2377. Karen – Karen**
Met **Karen** werkte ik fijn samen.
I worked well with **Karen**.

**2378. Alice – Alice**
**Alice** eet graag drop.
**Alice** likes to eat licorice.

**2379. Zelfde – Same**
Dit was een **zelfde** soort verhaal.
This was the **same** kind of story.

**2380. Zekere – Sure**

Het is een **zekere** zaak.

It's a **sure** case.

**2381. Nicht – Niece**

Mijn **nicht** heeft een dochter.

My **niece** has a daughter.

**2382. Weggaat – Leave**

Ik wil niet dat je **weggaat**.

I don't want you to **leave**.

**2383. Vingerafdrukken – Fingerprints**

Zijn **vingerafdrukken** zaten overal.

His **fingerprints** were everywhere.

**2384. Romantisch – Romantic**

Het is een **romantische** setting.

It's a **romantic** setting.

**2385. Neerschieten – Shoot**

In Call of Duty, moet ik wel eens iemand **neerschieten**.

In Call of Duty, I sometimes have to **shoot** someone.

**2386. Smeris – Cop**

Die **smeris** is niet te vertrouwen.

That **cop** can't be trusted.

**2387. Begreep – Understood**

Niemand **begreep** de werkinstructie.

No one **understood** the work manual.

**2388. Vrijen – Make Love**

Met hem **vrijen** is geweldig.

To **make love** to him is amazing.

### 2389. Zacht – Soft
Hij heeft een **zacht** karakter.
He has a **soft** personality.

### 2390. Letten – Pay Attention
Ik moet goed op haar **letten**.
I have to **pay attention** to her.

### 2391. Kaas – Cheese
Goudse **kaas** is wereldwijd populair.
Gouda **cheese** is popular all over the world.

### 2392. Zing – Sing
Ik **zing** elke dag onder de douche.
I **sing** every day in the shower.

### 2393. Wezens – Creatures
Het zijn weerzinwekkende **wezens**.
They are repulsive **creatures**.

### 2394. Pakte – Grabbed
Ik **pakte** elke kans met beide handen aan.
I **grabbed** every opportunity with both hands.

### 2395. Hufter – Asshole
Die **hufter** raakte bijna mijn auto.
That **asshole** almost hit my car.

### 2396. Hek – Fence
Ik ga het **hek** openen.
I am going to open the **fence**.

### 2397. Des Te – All The More
**Des te** knapper was die prestatie.
The performance was all **the more** admirable.

**2398. Bewakers – Guards**

De **bewakers** moeten over stalen zenuwen beschikken.

The **guards** need to have nerves of steel.

**2399. Honderden – Hundreds**

We mogen niet met **honderden** tegelijk naar binnen.

We can't enter with **hundreds** at a time.

**2400. Dwaas – Fool**

Die **dwaas** is niet serieus te nemen.

That **fool** can't be taken seriously.

**2401. Beters – Better**

Heb je niets **beters**?    You don't have anything **better**?

**2402. Belofte – Promise**

Hij brak elke **belofte**.

He broke every **promise**.

**2403. Rat – Rat**

We hebben een **rat** in de groep.

We have a **rat** in the group.

**2404. Bedenk – Come Up With**

**Bedenk** je dit ter plaatse?

Did you **come up with** this on the spot?

**2405. Meegaan – Join**

Je moet met ons **meegaan**.

You have to **join** us.

**2406. Gewild – In Demand**

De koptelefoons zijn **gewild**.

The headphones are **in demand**.

**2407. Branden – Burning**
Het bos bleef maar **branden**.
The forest kept on **burning**.

**2408. Middag – Afternoon**
Ik ga een dutje doen in de **middag**.
I will take a nap in the **afternoon**.

**2409. Stoor – Disturb**
Waarom **stoor** je me?
Why do you **disturb** me?

**2410. Partij – Party**
Ik ga op die **partij** stemmen.
I will vote for that **party**.

**2411. Weggegaan – Left**
Zij is zonder iets te zeggen **weggegaan**.
She **left** without saying anything.

**2412. Achterin – In The Back**
Ga jij maar **achterin** zitten.
You go sit **in the back**.

**2413. Televisie – Television**
De **televisie** staat te hard.
The **television** is too loud.

**2414. Poging – Try**
De tweede **poging** was raak.
The second **try** was a score.

**2415. Eh – Eh**
**Eh**, ik weet het niet.
**Eh**, I don't know.

**2416. Bekeken – Watched**

Zij heeft veel series **bekeken** op Videoland.

She has **watched** many shows on Videoland.

**2417. Jeff – Jeff**

**Jeff** was mijn manager in de bakkerij.

**Jeff** was my manager in the bakery.

**2418. Christus – Christ**

Zij gelooft in jezus **Christus**.

She believes in Jesus **Christ**.

**2419. Merken – Brands**

Ik ben gek op Italiaanse mode **merken**.

I love Italian fashion **brands**.

**2420. Kleding – Clothes**

Hij draagt traditionele Nederlandse **kleding**.

He's wearing traditional Dutch **clothes**.

**2421. Verwachtte – Expected**

Ik **verwachtte** al problemen.

I already **expected** problems.

**2422. Aangekomen – Arrived**

De passagiers zijn op Eindhoven Airport **aangekomen**.

The passengers have **arrived** at Eindhoven Airport.

**2423. Gepland – Planned**

Ons eerste kind was niet **gepland**.

Our first child was not **planned**.

**2424. Doorlopen – Move Along**

Graag allemaal **doorlopen**.

Please **move along** everyone.

**2425. Donkere – Dark**

Er hangen **donkere** wolken boven de heuvels.

There are **dark** clouds above the hills.

**2426. Maagd – Virgin**

Hij is nog **maagd**.

He is still a **virgin**.

**2427. Komende – Upcoming**

In de **komende** week, moet ik mijn project inleveren.

In the **upcoming** week, I have to hand in my project.

**2428. Eindigen – End**

Het feest zal onmiddellijk **eindigen**.

The party will **end** immediately.

**2429. Winter – Winter**

De **winter** duurt erg lang in Ontario.

**Winter** is very long in Ontario.

**2430. Duwen – Push**

Je mag me niet **duwen**.

You're not allowed to **push** me.

**2431. Wijzen – Point**

Naar welke richting zal het kompas **wijzen**?

To which direction will the compass **point**?

**2432. Hoogheid – Highness**

Koninklijke **hoogheid**.

Royal **highness**.

**2433. Frankie – Frankie**

Mijn papegaai heet **Frankie**.

My parrot is named **Frankie**.

**2434. Maggie – Maggie**
**Maggie** is klein.
**Maggie** is short.

**2435. Vlakbij – Nearby**
Zij woont **vlakbij** Leeuwarden.
She lives **nearby** Leeuwarden.

**2436. Lewis – Lewis**
**Lewis** Hamilton is de wereldkampioen Formule 1.
**Lewis** Hamilton is the world champion Formula 1.

**2437. Gesteld – Asked**
Je hebt hem wat **gevraagd**?
You **asked** him what?

**2438. Schoten – Shots**
**Schoten** werden afgevuurd.
**Shots** got fired.

**2439. Douche – Shower**
Ik begin elke dag met een hete **douche**.
I start every day with a hot **shower**.

**2440. Overtuigen – Convince**
Het is niet makkelijk hem te **overtuigen**.
It's not easy to **convince** him.

**2441. Dominee – Reverend**
De **dominee** sprak de kerkgangers toe.
The **reverend** spoke to the churchgoers.

**2442. Studenten – Students**
De **studenten** wonen op de campus.
The **students** live on the campus.

**2443. Bezorgen – Delivering**

Franklin is iedere avond pizza's aan het **bezorgen**.

Franklin is **delivering** pizzas every night.

**2444. Aanklacht – Charge**

De **aanklacht** is gruwelijk.

The **charge** is horrific.

**2445. Vertrok – Left**

Hij **vertrok** op jonge leeftijd.

He **left** at a young age.

**2446. Locatie – Location**

Haar **locatie** is geheim.

Her **location** is a secret.

**2447. Voorgoed – Forever**

Ik blijf **voorgoed** vrijgezel.

I will stay single **forever**.

**2448. Shirt – Shirt**

Mijn **shirt** is donkerblauw.

My **shirt** is navy blue.

**2449. Scott – Scott**

**Scott** werkt in de sportschool.

**Scott** works in the gym.

**2450. Mammie – Mommy**

Hij heeft altijd zijn **mammie** nodig.

He always needs his **mommy**.

**2451. Stelde – Asked**

Hij **stelde** een vraag.

He **asked** a question.

**2452. Stal – Stole**

Ik **stal** van mijn baas.

I **stole** from my boss.

**2453. Personeel – Staff**

Al het **personeel** kreeg een weekend vrij.

The entire **staff** got a weekend off.

**2454. Ontspannen – Relaxed**

De sfeer is **ontspannen**.

The vibe is **relaxed**.

**2455. Vieze – Dirty**

Hij schrijft **vieze** songteksten.

He writes **dirty** lyrics.

**2456. Storen – Interrupt**

Je kan me vandaag niet **storen**.

You can't **interrupt** me today.

**2457. Eventjes – A Moment**

Geef me **eventjes**.

Give me **a moment**.

**2458. Daarop – To That**

Ik had **daarop** niet het juiste antwoord.

I didn't have the right answer **to that**.

**2459. Vak – Field**

In wat voor **vak** ben je actief?

In what kind of **field** are you active?

**2460. Susan – Susan**

**Susan** gaat in Leiden studeren.

**Susan** will go study in Leiden.

**2461. Dinsdag – Tuesday**

De stad is dood op een **dinsdag**.

The city is dead on a **Tuesday**.

**2462. Amanda – Amanda**

Voor **Amanda** heb ik altijd een plekje vrij.

I always reserve a spot for **Amanda**.

**2463. Zijne – His**

**Zijne** Majesteit de Koning

**His** Majesty the King.

**2464. Gedroomd – Dreamed**

Hij heeft over deze situatie **gedroomd**.

He **dreamed** about this situation.

**2465. Teruggaan – Going Back**

Ik denk niet aan **teruggaan** naar hem.

I don't consider **going back** to him.

**2466. Momenteel – Currently**

Ik zit **momenteel** krap bij kas.

I'm **currently** short on cash.

**2467. Hieruit – From This**

Wat kun je **hieruit** opmaken?

What can you make **from this**?

**2468. Engelse – English**

In Nederland, krijgen kinderen al op jonge leeftijd **Engelse** les.

In the Netherlands, kids start getting **English** lessons from a young age.

**2469. Rijd – Drive**
Ik **rijd** zonder gordel.
I **drive** without a seat belt.

**2470. Gegooid – Thrown**
Zij werd uit de trein **gegooid**.
She was **thrown** off the train.

**2471. Kanker – Cancer**
Het medicijn tegen **kanker** wordt getest.
The medicine against **cancer** is being tested.

**2472. Helikopter – Helicopter**
De **helikopter** is verongelukt.
The **helicopter** crashed.

**2473. Dek – Deck**
Op het **dek** waait het hard.
It's very windy on **deck**.

**2474. Bijzonders – Special**
Dit ontwerp is niets **bijzonders**.
This design is nothing **special**.

**2475. Onschuldige – Innocent**
**Onschuldige** mensen zitten vast.
**Innocent** people are locked up.

**2476. Eindigt – Ends**
Hij **eindigt** vroeger dan verwacht.
He **ends** sooner than expected.

**2477. Bied – Bid**
Ik **bied** niet meer dan 5 euro.
I won't **bid** more than 5 euro.

**2478. Waarschuwing – Warning**

De **waarschuwing** kwam te laat.

The **warning** came too late.

**2479. Mogelijkheden – Possibilities**

De **mogelijkheden** zijn eindeloos.

The **possibilities** are endless.

**2480. Volgend – Next**

**Volgend** jaar gaan we nog meer bereiken.

**Next** year we will achieve even more.

**2481. Suiker – Sugar**

Ik drink altijd koffie met **suiker**.

I always drink coffee with **sugar**.

**2482. Ronde – Round**

De laatste **ronde** is het zwaarst.

The last **round** is the hardest.

**2483. Wijf – Female**

Het is een raar **wijf**.

It's a strange **female**.

**2484. Koopt – Buys**

Zij **koopt** alles wat ze ziet.

She **buys** everything she sees.

**2485. Vergat – Forgot**

Ik **vergat** me in te schrijven.

I **forgot** to subscribe.

**2486. Verdacht – Suspicious**

Die jongen gedraagt zich **verdacht**.

That boy is acting **suspicious**.

**2487. Marine – Navy**

Rens zat jaren bij de **marine**.

Rens was in the **navy** for years.

**2488. Fiets – Bicycle**

Mijn **fiets** heeft zeven versnellingen.

My **bike** has seven gears.

**2489. Verdween – Disappeared**

Zij **verdween** acht jaar geleden.

She **disappeared** eight years ago.

**2490. Won – Won**

Zij **won** een gouden medaille op de Olympische spelen.

She **won** a gold medal at the Olympics.

**2491. Win – Win**

Ik **win** nooit wat in het casino.

I never **win** anything at the casino.

**2492. Gevaarlijke – Dangerous**

In Detroit zijn **gevaarlijke** wijken.

Detroit has **dangerous** neighborhoods.

**2493. Daarover – About That**

**Daarover** moeten we het later hebben.

We have to talk **about that** later.

**2494. Thomas – Thomas**

Voor **Thomas** maak ik een uitzondering.

I will make an exception for **Thomas**.

**2495. Pen – Pen**

Mijn **pen** schrijft in het groen.

My **pen** writes in green.

**2496. Kamers – Rooms**

Het hotel heeft genoeg beschikbare **kamers**.

The hotel has enough available **rooms**.

**2497. Gedraag – Behave**

**Gedraag** je!

**Behave** yourself!

**2498. Winst – Profit**

De **winst** wordt onder iedereen verdeeld.

The **profit** will be split among everyone.

**2499. Broeders – Brothers**

Zij voelen zich echte **broeders**.

They are like real **brothers**.

# Chapter 11

**2500. Doodde – Killed**
Hij **doodde** een bij.
He **killed** a bee.

**2501. Slang – Snake**
Die **slang** leeft in Arizona.
That **snake** lives in Arizona.

**2502. Ontspan – Relax**
Ik **ontspan** graag in de sauna.
I like to **relax** in the sauna.

**2503. Materiaal – Material**
Het **materiaal** is gecensureerd.
The **material** is censored.

**2504. Aangenomen – Hired**
Zij werd na haar eerste sollicitatie **aangenomen**.
She got **hired** after her first application.

**2505. Theater – Theater**

Het **theater** was helemaal uitverkocht.

The **theater** was completely sold out.

**2506. Terry – Terry**

**Terry** houdt van mediteren.

**Terry** loves to meditate.

**2507. Dapper – Brave**

Die reddingsoperatie was erg **dapper**.

That rescue was very **brave**.

**2508. Banden – Ties**

Zij hebben nauwe **banden** met politici.

They have close **ties** with politicians.

**2509. Schilderij – Painting**

Dat **schilderij** van Herman Brood is een echte klassieker.

That Herman Brood **painting** is a true classic.

**2510. Lege – Empty**

Er zijn veel **lege** schappen in de supermarkt.

There are lots of **empty** shelves in the supermarket.

**2511. Iedereen – Everyone**

**Iedereen** kwam bijeen op het ice.

**Everyone** came together on the ice.

**2512. Flauw – Lame**

Die mop is echt **flauw**.

That joke is really **lame**.

**2513. Amerikaan – American**

Als **Amerikaan**, kun je naar veel plaatsen reizen.

As an **American**, you can travel to many places.

### 2514. Verrast – Surprised
Zij werd **verrast** door zijn kennis.
She was **surprised** by his knowledge.

### 2515. Pakje – Package
Mijn **pakje** werd onderschept door de douane.
My **package** was intercepted by customs.

### 2516. Verdiende – Deserved
Het is zijn **verdiende** loon.
He got what he **deserved**.

### 2517. Herkennen – Recognize
Ik zou hem nauwelijks **herkennen**.
I would barely **recognize** him.

### 2518. Proost – Cheers
**Proost** op het leven!
**Cheers** to life!

### 2519. Duitsers – Germans
Veel **Duitsers** komen graag naar de Nederlandse stranden.
Many **Germans** like to come to the Dutch beaches.

### 2520. Doodgaan – Die
Je kunt aan die ziekte niet **doodgaan**.
You can't **die** from that disease.

### 2521. Beloning – Reward
Ze loven een **beloning** uit voor de vermiste kat.
They are offering a **reward** for the missing cat.

### 2522. Voorbereid – Prepared
Ik heb mijn spreekbeurt goed **voorbereid**.
I **prepared** my presentation well.

**2523. Verdwaald – Lost**

Hij raakte **verdwaald** op het eiland.

He got **lost** on the island.

**2524. Veranderde – Changed**

Zijn gezichtsuitdrukking **veranderde**.

His facial expression **changed**.

**2525. Mannetje – Male**

Er zit tussen de olifanten een **mannetje** in de dierentuin.

There is a **male** among the elephants in the zoo.

**2526. Verklaren – Declare**

Je moet **verklaren** dat je geen illegale spullen importeert.

You have to **declare** that you are not importing any illegal items.

**2527. Overval – Robbery**

De gewapende **overval** ging mis.

The armed **robbery** went wrong.

**2528. Lacht – Smiles**

Iedereen **lacht** samen.

Everyone **smiles** together.

**2529. Bevrijden – Free**

We gaan de mensen uit de escape room **bevrijden**.

We will **free** the people from the escape room.

**2530. Super – Great**

Jouw werk is **super**.

Your work is **great**.

**2531. Lied – Song**

Dat **lied** werd een enorme hit.

That **song** became a huge hit.

**2532. Volledige – Complete**

Het is een **volledige** omschrijving.

It's a **complete** description.

**2533. Middernacht – Midnight**

Om **middernacht**, zeggen we proost.

At **midnight**, we say cheers.

**2534. Centrum – Center**

New York wordt ook wel het **centrum** van het universum genoemd.

New York is also referred to as the **center** of the universe.

**2535. Briljant – Brilliant**

Haar filosofie is **briljant**.

Her philosophy is **brilliant**.

**2536. Rotzak – Rascal**

Die **rotzak** zorgt altijd voor ellende.

That **rascal** always creates misery.

**2537. Meekomen – Come Along**

Wil je **meekomen** met ons?

Do you want to **come along** with us?

**2538. Danken – Thank**

We willen iedereen **danken** voor hun komst.

We want to **thank** everyone for coming.

**2539. Afrika – Africa**

**Afrika** is de plaats voor een safari.

**Africa** is the spot for a safari.

**2540. Bovenop – On Top**

Er zit een antenne **bovenop** het huis.

There is an antenna **on top** of the house.

**2541. Verrader – Traitor**

Ik heb geen medelijden met die **verrader**.

I don't feel sorry for that **traitor**.

**2542. Klonk – Sounded**

Dat **klonk** afgrijselijk.

That **sounded** terrible.

**2543. Hielden – Kept**

Ze **hielden** zich aan hun belofte.

They **kept** their promise.

**2544. Bruid – Bride**

Wat een prachtige **bruid**.

What a beautiful **bride**.

**2545. Voer – Feed**

Ik **voer** elke week de eenden.

I **feed** the ducks every week.

**2546. Pest – Bully**

Ik snap niet waarom je hem **pest**.

I don't understand why you **bully** him.

**2547. Miami – Miami**

Ocean Drive is een boulevard in **Miami**.

Ocean Drive is a boulevard in **Miami**.

**2548. Eisen – Demands**

De stakers hadden ongepaste **eisen**.

The strikers had inappropriate **demands**.

**2549. Achterna – Chasing**

Ze zaten ons **achterna**.

They were **chasing** us.

**2550. Brak – Broke**

De kabel **brak**.

The cable **broke**.

**2551. Voordeel – Benefit**

Je kunt **voordeel** halen uit die aanbieding.

You can **benefit** from that offer.

**2552. Schaam – Ashamed**

Ik **schaam** me nergens voor.

I'm not **ashamed** of anything.

**2553. Vuren – Firing**

Ze **vuren** schoten af.

They are **firing** shots.

**2554. Constant – Constantly**

Ik ben **constant** gestrest.

I'm **constantly** stressed.

**2555. Richt – Aim**

Je moet eerst diep inademen voordat je **richt**.

You have to take a deep breath before you **aim**.

**2556. Iemands – Someone's**

Is dit **iemands** tas?

Is this **someone's** bag?

**2557. Ho – Whoa**

**Ho**, pas op!

**Whoa**, be careful!

**2558. Acteur – Actor**

Ik probeer succes te hebben als **acteur**.

I'm trying to make it as an **actor**.

**2559. Kranten – Newspapers**

De **kranten** stonden er vol mee.

It was all over the **newspapers**.

**2560. Warme – Warm**

**Warme** zomerdagen zijn genieten.

**Warm** summer days are enjoyable.

**2561. Schaduw – Shadow**

In de **schaduw**, is het minder warm.

In the **shadow**, it's less warm.

**2562. Richten – Aiming**

Je bent slecht in **richten**.

You are bad at **aiming**.

**2563. Kruis – Cross**

Er hangt een **kruis** om mijn nek.

There is a **cross** around my neck.

**2564. Advocaten – Lawyers**

De **advocaten** werkten jaren aan de zaak.

The **lawyers** worked on the case for years.

**2565. Vampier – Vampire**

Ik ben bang voor die **vampier**.

I'm afraid of that **vampire**.

**2566. Duisternis – Darkness**

De **duisternis** is eng.

The **darkness** is scary.

**2567. Scherp – Sharp**

Het is een **scherp** voorwerp.

It's a **sharp** object.

**2568. Invloed – Influence**

Zij heeft een grote **invloed** op mij.

She has a big **influence** on me.

**2569. Gelopen – Went**

Het is anders **gelopen** dan verwacht.

It **went** different than expected.

**2570. Veilige – Safe**

Het is een **veilige** omgeving.

It's a s**afe** environment.

**2571. Zegen – Blessing**

Zijn komst is een **zegen**.

His arrival is a **blessing**.

**2572. Kreng – Bitch**

Dat **kreng** luistert nooit.

That **bitch** never listens.

**2573. Hut – Hut**

Hij zit altijd in zijn **hut**.

He always sits in his **hut**.

**2574. Fabriek – Factory**

De **fabriek** zal worden gesloten.

The **factory** will be closed.

**2575. Spannend – Exciting**

De voorstelling was erg **spannend**.

The play was very **exciting**.

**2576. Neen – No**

**Neen**, dat mag niet.

**No**, that is not allowed.

**2577. Gij – Thou**

**Gij** zult niet stelen.

**Thou** shall not steal.

**2578. Bezwaar – Objection**

Het **bezwaar** werd afgewezen.

The **objection** was rejected.

**2579. Gooide – Threw**

Zij **gooide** het verste van iedereen.

She **threw** the farthest from everyone.

**2580. Vertrouwt – Trusts**

Zij **vertrouwt** op mij.

She **trusts** me.

**2581. Gelukkige – Happy**

Ik wens je veel **gelukkige** jaren.

I wish you many **happy** years.

**2582. Mars – Mars**

Mannen komen van **Mars**.

Men are from **Mars**.

**2583. Leden – Members**

Alle **leden** kregen een medaille.

All **members** got a medal.

**2584. Jeetje – Oh Dear**
**Jeetje**, waarom zeg je dat?
**Oh dear**, why are you saying that?

**2585. Gerechtigheid – Justice**
**Gerechtigheid** is geschied.
**Justice** has been served.

**2586. Snijden – Cut**
We **snijden** de worst aan.
We will **cut** the sausage.

**2587. Assistent – Assistant**
Mijn **assistent** gaat het regelen.
My **assistant** will take care of it.

**2588. Gemeenschap – Community**
De **gemeenschap** is erg hecht.
The **community** is very tight.

**2589. Nieuwsgierig – Curious**
De kat is **nieuwsgierig**.
The cat is **curious**.

**2590. Koninkrijk – Kingdom**
Het **Koninkrijk** der Nederlanden.
The **Kingdom** of the Netherlands.

**2591. Kaartjes – Tickets**
De **kaartjes** kosten vijftig euro.
The **tickets** are fifty euro.

**2592. Wegen – Ways**
Onze **wegen** scheidden hier.
Our **ways** will part here.

**2593. Uitzien – Look**
Je moet er altijd goed **uitzien**.
You always have to **look** good.

**2594. Lafaard – Coward**
Ik vind hem een **lafaard**.
I think he's a **coward**.

**2595. Camera's – Cameras**
De **camera's** draaien.
The **cameras** are rolling.

**2596. Breek – Break**
**Breek** het brood.
**Break** the bread.

**2597. Smaakt – Tastes**
Die hamburger **smaakt** geweldig.
That burger **tastes** fantastic.

**2598. Politieke – Political**
Het is een **politieke** show.
It's a **political** show.

**2599. Komst – Arrival**
Haar **komst** werd met enthousiasme ontvangen.
Her **arrival** sparked a lot of enthusiasm.

**2600. Seizoen – Season**
Zijn **seizoen** is voorbij.
His **season** is over.

**2601. Gunst – Favor**
Ik deed hem een **gunst**.
I did him a **favor**.

**2602. Angela – Angela**

**Angela** Merkel spreekt de mensen toe.

**Angela** Merkel addresses the people.

**2603. Vriendinnen – Girlfriends**

We zijn een groep van tien **vriendinnen**.

We are a group of ten **girlfriends**.

**2604. Veroordeeld – Convicted**

De crimineel werd **veroordeeld** tot vier jaar in de gevangenis.

The criminal was **convicted** to four years in prison.

**2605. Training – Training**

De **training** was erg informatief.

The **training** was very informative.

**2606. Patiënten – Patients**

Alle **patiënten** werden overgeplaatst.

All **patients** were transferred.

**2607. Opeten – Eat Up**

We zullen alles **opeten**.

We will **eat up** everything.

**2608. Geschikt – Suited**

Zij is **geschikt** voor de klus.

She is **suited** for the job.

**2609. Britse – British**

Het **Britse** koningshuis is vaak in het nieuws.

The **British** royal family is often in the news.

**2610. Proef – Trial**

Je kunt een gratis **proef** van drie maanden doen.

You can do a free **trial** for three months.

**2611. Overheid – Government**

Het vertrouwen in de **overheid** is gedaald.

The confidence in the **government** has decreased.

**2612. Bewaker – Guard**

De **bewaker** werd omgekocht.

The **guard** was bribed.

**2613. Iemand – Someone**

Ken jij **iemand** die dat kan.

Do you know **someone** who can do that?

**2614. Lee – Lee**

Bruce **Lee** speelt in veel vechtfilms.

Bruce **Lee** plays in a lot of fight movies.

**2615. Hal – Hallway**

Iedereen is aan het wachten in de **hal**.

Everyone is waiting in the **hallway**.

**2616. Bemanning – Crew**

De **bemanning** krijgt een bonus.

The **crew** will get a bonus.

**2617. Gevoelig – Sensitive**

Hij is erg **gevoelig** voor fel licht.

He is very **sensitive** to bright light.

**2618. Diegene – That One**

**Diegene** die iets weet moet zich melden.

**The one** who knows something has to come forward.

**2619. Route - Route**

Zij moest de **route** veranderen.

She had to change the **route**.

**2620. Wolf - Wolf**

De **wolf** huilt in de nacht.

The **wolf** cries at night.

**2621. Model - Model**

Het berekende **model** klopt precies.

The calculated **model** is exactly right.

**2622. Gezorgd - Taken Care Of**

Zij zei dat ze ervoor **gezorgd** heeft en dat het goed komt.

She said that she has **taken care of** it and it will be alright.

**2623. Bepalen - Decide**

Jij moet **bepalen**.

You have to **decide**.

**2624. Tranen - Tears**

De **tranen** vloeien over haar wangen.

The **tears** are flowing down her cheeks.

**2625. Legt - Puts**

Hij **legt** alles in de kast.

He **puts** everything in the closet.

**2626. Detective - Detective**

De **detective** gaat de zaak uitzoeken.

The **detective** will investigate the case.

**2627. Borrel - A Drink**

Zullen we een **borrel** drinken?

Shall we have **a drink**?

**2628. Kansen – Opportunities**

Hij laat teveel **kansen** aan zich voorbij gaan.

He lets too many **opportunities** pass him by.

**2629. Helder – Clear**

Het water in de rivier is erg **helder**.

The water in the river is very **clear**.

**2630. Pech – Bad Luck**

Het was gewoon **pech**.

It was just **bad luck**.

**2631. Zenuwachtig – Nervous**

Ik ben nergens **zenuwachtig** voor.

I don't get **nervous** about anything.

**2632. Lading – Load**

De **lading** ging verloren.

The **load** was lost.

**2633. Sport – Sport**

Welke **sport** kijk jij het liefst?

Which **sport** do you like to watch?

**2634. Heleboel – A Lot**

Ik zie een **heleboel** vliegen.

I see **a lot** of flies.

**2635. Feesten – Parties**

Ik ga naar alle **feesten**.

I go to all **parties**.

**2636. Daarbinnen – In There**

Is het gevaarlijk **daarbinnen**?

Is it dangerous **in there**?

**2637. Onderzocht – Investigated**
De zaak wordt nader **onderzocht**.
The case will be further **investigated**.

**2638. Doctor – Doctor**
Ik wil de film *Doctor Sleep* graag zien.
I would like to see the movie *Doctor Sleep*.

**2639. Braaf – Well Behaved**
Het is een erg **braaf** kind.
It's a very **well-behaved** kid.

**2640. Verdwijnt – Disappears**
Hij **verdwijnt** om later weer tevoorschijn te komen.
He **disappears** to come back again later.

**2641. Huiswerk – Homework**
Ik haat **huiswerk**.
I hate **homework**.

**2642. Houding – Attitude**
Zijn **houding** bevalt me niet.
I don't like his **attitude**.

**2643. Privé – Privately**
We gaan die zaak **privé** behandelen.
We will discuss that matter **privately**.

**2644. Besloot – Decided**
Ik **besloot** alleen.
I **decided** myself.

**2645. Vanzelf – Itself**
Het komt **vanzelf** goed.
It will work **itself** out.

**2646. Onbekende – Unknown**

Zij is een **onbekende** in het dorp.

She is **unknown** in the village.

**2647. Nationale – National**

Ieder land heeft een **nationale** vlag.

Every country has a **national** flag.

**2648. Zand – Sand**

Het **zand** op Tenerife is zwart.

The **sand** on Tenerife is black.

**2649. Verdwijn – Disappear**

Ik **verdwijn** soms een paar dagen.

Sometimes I **disappear** for a few days.

**2650. Seconde – Second**

Zij was een **seconde** langzamer.

She was one **second** slower.

**2651. Ramen – Windows**

De **ramen** zijn beslagen.

The **windows** are fogged.

**2652. Monsters – Monsters**

Er zitten **monsters** onder mijn bed.

There are **monsters** under my bed.

**2653. Hollywood – Hollywood**

In de heuvels van **Hollywood**.

In the **Hollywood** Hills.

**2654. Sally – Sally**

Ik heb **Sally** ten huwelijk gevraagd.

I asked **Sally** to marry me.

**2655. Tekst – Text**
De **tekst** klopt niet.
The **text** is not correct.

**2656. Min – Minus**
Vijf **min** drie is twee.
Five **minus** three is two.

**2657. Grootvader – Grandfather**
Mijn **grootvader** heeft mij veel geleerd.
My **grandfather** taught me a lot.

**2658. Gooit – Throws**
Hij **gooit** het snelste van allemaal.
He **throws** fastest of everyone.

**2659. Collega's – Colleagues**
Mijn **collega's** organiseerden een afscheidsfeest.
My **colleagues** organized a goodbye party.

**2660. China – China**
Er wonen miljarden mensen in **China**.
Billions of people live in **China**.

**2661. Behandeling – Treatment**
De **behandeling** slaat goed aan.
The **treatment** is working very well.

**2662. Grace – Grace**
Ik zat met **Grace** op handbal.
I played handball with **Grace**.

**2663. Schudden – Shake**
Je moet het beslag goed **schudden**.
You have to **shake** the batter really well.

**2664. Geboorte – Birth**

Bij zijn **geboorte**, woog hij vier kilo.

At **birth**, he weighed four kilos.

**2665. Florida – Florida**

De bijnaam van **Florida** is Sunshine State.

The nickname of **Florida** is Sunshine State.

**2666. Verlegen – Shy**

De kinderen zijn erg **verlegen**.

The kids are very **shy**.

**2667. Laura – Laura**

Ik ben verliefd op **Laura**.

I'm in love with **Laura**.

**2668. Klasse – Class**

Zij is een **klasse** verschijning.

She is a **class** act.

**2669. Koude – Cold**

Het wordt een **koude** nacht.

It's going to be a **cold** night.

**2670. Aanpakken – Tackle**

Hij weet hoe hij dat probleem moet **aanpakken**.

He knows how to **tackle** that problem.

**2671. Verliet – Left**

Zij **verliet** school toen ze vijftien was.

She **left** school when she was fifteen.

**2672. Jay – Jay**

Kun jij het aan **Jay** vragen?

Can you ask **Jay**?

**2673. Gevoeld – Felt**

Ik heb mij nog nooit zo goed **gevoeld**.

I never **felt** so good.

**2674. Vies – Dirty**

De stad is **vies**.

The city is **dirty**.

**2675. Ontmoeting – Meeting**

De **ontmoeting** verliep als gepland.

The **meeting** went as planned.

**2676. Luke – Luke**

Lucky **Luke** is mijn lievelingsstrip.

Lucky **Luke** is my favorite comic strip.

**2677. Gary – Gary**

**Gary** is in Friesland.

**Gary** is in Friesland.

**2678. Mensheid – Humanity**

Het is een grote stap voor de **mensheid**.

It's a big step for **humanity**.

**2679. Klagen – Complaining**

Nederlanders zijn gek op **klagen**.

Dutch people love **complaining**.

**2680. Beesten – Animals**

Ze gedragen zich als **beesten**.

They are behaving like **animals**.

**2681. Psychiater – Psychiatrist**

Zijn **psychiater** vindt hem een gevaar.

His **psychiatrist** thinks he's dangerous.

**2682. Morgenavond – Tomorrow Night**

**Morgenavond** is er een volle maan.

**Tomorrow night** there will be a full moon.

**2683. Handtekening – Signature**

Een **handtekening** is vereist.

A **signature** is required.

**2684. Vriendjes – Boyfriends**

Charlotte heeft veel **vriendjes**.

Charlotte has many **boyfriends**.

**2685. Overleefd – Survived**

Hij heeft de aanslag **overleefd**.

He **survived** the attack.

**2686. Caesar – Caesar**

Ik eet een **caesar** salade.

I'm eating a **caesar** salad.

**2687. Bibliotheek – Library**

The Library of Congress is de grootste **bibliotheek** ter wereld.

The Library of Congress is the biggest **library** in the world.

**2688. Geweren – Guns**

**Geweren** zijn legaal in Oklahoma.

**Guns** are legal in Oklahoma.

**2689. Mooier – More Beautiful**

Het ene schilderij is nog **mooier** dan het andere.

The one painting is even **more beautiful** than the other.

**2690. Droog – Dry**
De woestijn is **droog**.
The desert is **dry**.

**2691. Daniel – Daniel**
**Daniel** kijkt veel documentaires.
**Daniel** watches lots of documentaries.

**2692. Bemoei – Interfere**
Waarom **bemoei** jij je overal mee?
Why do you always **interfere**?

**2693. Truc – Trick**
Deze goochelaar kan een **truc**.
This magician can do a **trick**.

**2694. Straten – Streets**
De **straten** waren erg druk.
The **streets** were very crowded.

**2695. Oceaan – Ocean**
De Atlantische **Oceaan** ligt tussen Europa en Noord-Amerika.
The Atlantic **Ocean** is in between Europe and North America.

**2696. Humor – Humor**
**Humor** is het beste medicijn.
**Humor** is the best medicine.

**2697. Fantasie – Fantasy**
In mijn **fantasie**, kan alles.
In my **fantasy**, anything is possible.

**2698. Borsten – Breasts**

De grote **borsten**.

The big **breasts**.

**2699. Podium – Stage**

Het is een open **podium**.

It's an open **stage**.

**2700. Graaf – Earl**

De **graaf** komt uit het Verenigd Koninkrijk.

The **earl** is from the United Kingdom.

**2701. Gereden – Drove**

We zijn door de vallei **gereden**.

We **drove** through the valley.

**2702. Junior – Junior**

Hij presteerde goed op **Junior** League niveau.

He performed well at **Junior** League level.

**2703. Velen – Many**

**Velen** geloven in deze manier van leven.

**Many** believe in this way of life.

**2704. Filmen – Film**

We gaan alles **filmen**.

We will **film** everything.

**2705. Afschuwelijk – Awful**

Het is een **afschuwelijk** verhaal.

It's an **awful** story.

**2706. Kanten – Sides**

Het verhaal heeft vele **kanten**.

The story has many **sides**.

**2707. Bid – Pray**
Ik **bid** voor zijn herstel.
I **pray** for his recovery.

**2708. Daarboven – Up There**
Is het koud **daarboven**?
Is it cold **up there**?

**2709. Verbaasd – Surprised**
Het heeft me **verbaasd**.
It **surprised** me.

**2710. Mogelijke – Possible**
Het is een **mogelijke** uitkomst.
It's a **possible** outcome.

**2711. Kennelijk – Apparently**
**Kennelijk**, vindt hij dit normaal.
**Apparently**, he thinks this is normal.

**2712. Hoorden – Heard**
We **hoorden** hem inbreken.
We **heard** him break in.

**2713. Heten – Called**
Zo **heten** die dingen.
That's how those things are **called**.

**2714. Bravo – Bravo**
**Bravo**, wat een prestatie!
**Bravo**, what an achievement!

**2715. Wachtte – Waited**
Ik **wachtte** twee uur op hem.
I **waited** two hours for him.

**2716. Gebaseerd – Based**

De film is **gebaseerd** op een waargebeurd verhaal.

The movie is **based** on a true story.

**2717. Moeilijker – Harder**

Scoren wordt steeds **moeilijker**.

Scoring keeps getting **harder**.

**2718. Los Angeles – Los Angeles**

In **Los Angeles** wonen veel sterren.

Many stars live in **Los Angeles**.

**2719. Boodschappen – Groceries**

**Boodschappen** worden steeds duurder.

**Groceries** keep getting more expensive.

**2720. Beloven – Promise**

Je moet het me **beloven**.

You have to **promise** me.

**2721. Alcohol – Alcohol**

Er zit veel **alcohol** in dat drankje.

There is a lot of **alcohol** in that drink.

**2722. Tank – Tank**

De **tank** reed het oorlogsgebied binnen.

The **tank** drove into the war zone.

**2723. Levende – Living**

Er zijn veel **levende** wezens in het park.

There are many **living** creatures in the park.

**2724. Verschuldigd – Owes**

Zij is me geld **verschuldigd**.

She **owes** me money.

**2725. Masker – Mask**
Hij draagt een **masker** met Halloween.
He wears a **mask** for Halloween.

**2726. Hartaanval – Heart Attack**
Die **hartaanval** werd hem fataal.
That **heart attack** killed him.

**2727. Verander – Change**
Ik **verander** graag van woonplaats.
I like to **change** my place of residence.

**2728. Uitzicht – View**
Dat panoramische **uitzicht** is prachtig.
That panoramic **view** is beautiful.

**2729. Toren – Tower**
De **toren** kijkt over het dorp uit.
The **tower** overlooks the village.

**2730. Josh – Josh**
**Josh** is een Joodse naam.
**Josh** is a Jewish name.

**2731. Hierover – About This**
Kun je mij **hierover** meer vertellen?
Can you tell me more **about this**?

**2732. Fan – Fan**
Ik ben **fan** van Nederlandse muziek.
I'm a **fan** of Dutch music.

**2733. Tenslotte – After All**
Het is **tenslotte** de eerste poging.
**After all**, it's the first try.

**2734. Ogenblik – Moment**
Een **ogenblik**.
One **moment**.

**2735. Burger – Citizen**
Elke **burger** heeft recht op woonruimte.
Every **citizen** has a right to housing.

**2736. Boeten – Pay**
Hij zal voor zijn fouten **boeten**.
He will **pay** for his mistakes.

**2737. Betty – Betty**
"Black **Betty**" is een lied van Ram Jam.
"Black **Betty**" is a song from Ram Jam.

**2738. Tovenaar – Wizard**
De **tovenaar** verbaasde iedereen.
The **wizard** surprised everybody.

**2739. Organisatie – Organization**
De **organisatie** zet zich in voor arme kinderen.
The **organization** is committed to helping poor kids.

**2740. Namens – Behalf**
Deze bloemen zijn **namens** Raymond.
These flowers are on Raymond's **behalf**.

**2741. Ketting – Necklace**
Die **ketting** heb ik geërfd.
I inherited that **necklace**.

**2742. Dorst – Thirsty**
Ik krijg **dorst** van die hitte.
The heat makes me **thirsty**.

**2743. Dochters – Daughters**
Mijn **dochters** zitten op hockey.
My **daughters** play hockey.

**2744. William – William**
Prins **William** woont in Londen.
Prince **William** lives in London.

**2745. Rand – Edge**
Kijk niet over de **rand**.
Don't look over the **edge**.

**2746. Merk – Brand**
Het is een toonaangevend **merk**.
It's a leading **brand**.

**2747. Kopje – Cup**
Zij wil een **kopje** espresso.
She wants a **cup** of espresso.

**2748. Roze – Pink**
Een **roze** olifant.
A **pink** elephant.

**2749. Rommel – Mess**
Het is een **rommel** in die winkel.
It's a **mess** in that store.

# Chapter 12

**2750. Verraad – Betrayal**

Het **verraad** was buiten alle proporties.

The **betrayal** was out of proportion.

**2751. Opruimen – Clean Up**

Ga je kamer **opruimen**.

Go **clean up** your room.

**2752. Erdoor – Because Of**

Ik ben **erdoor** veranderd.

I changed **because of** it.

**2753. Bijzondere – Special**

Koningsdag is een **bijzondere** aangelegenheid.

Koningsdag is a **special** event.

**2754. Berichten – Messages**

De **berichten** kwamen later aan.

The **messages** arrived later.

**2755. Vat – Barrel**
Er zit bier in het **vat**.
There is beer in the **barrel**.

**2756. Scheiding – Divorce**
De **scheiding** viel hem zwaar.
The **divorce** was hard on him.

**2757. Voorzitter – Chairman**
De **voorzitter** neemt de beslissing.
The **chairman** will make the decision.

**2758. Reageren – Respond**
De brandweermannen moeten op iedere oproep **reageren**.
The firemen have to **respond** to every call.

**2759. Markt – Marked**
De Bazaar is een **markt** in Beverwijk.
The Bazaar is a **market** in Beverwijk.

**2760. Museum – Museum**
Het Van Gogh **Museum** zit in Amsterdam.
The Van Gogh **Museum** is located in Amsterdam.

**2761. Plat – Flat**
De Aarde is niet **plat**.
The Earth is not **flat**.

**2762. Legende – Legend**
Hij is een **legende** voor velen.
He is a **legend** to many.

**2763. Koos – Chose**
Ik **koos** het verkeerde vakje.
I **chose** the wrong box.

**2764. Interessante – Interesting**

Wat een **interessante** theorie.

What an **interesting** theory.

**2765. Hank – Hank**

**Hank** is een mannennaam en een plaats in Noord-Brabant.

**Hank** is a male name and a town in North Brabant.

**2766. Bewaar – Keep**

**Bewaar** het plakboek.

**Keep** the scrapbook.

**2767. Lelijke – Ugly**

Die **lelijke** kunst is niet mijn smaak.

That **ugly** art is not my taste.

**2768. Godzijdank – Thank God**

**Godzijdank** is het voorbij.

**Thank God** it's over.

**2769. Captain – Captain**

Hij drinkt graag **Captain** Morgan.

He likes to drink **Captain** Morgan.

**2770. Ontslaan – Fire**

Het bestuur wil de hele afdeling **ontslaan**.

The board wants to **fire** the entire department.

**2771. Groot – Big**

De tijger is **groot** voor zijn leeftijd.

The tiger is **big** for his age.

**2772. Loon – Wage**

Het **loon** in Texas is lager dan in Oregon.

The **wage** in Texas is lower than in Oregon.

**2773. Goeds – Good**

Zij doet veel **goeds** voor de gemeenschap.

She does a lot of **good** for the community.

**2774. Verstaan – Understand**

Het is moeilijk om hem te **verstaan**.

It's hard to **understand** him.

**2775. Plekken – Places**

Ik ben voor mijn werk naar veel **plekken** gereisd.

I traveled to many **places** for my work.

**2776. Konijn – Rabbit**

**Konijn** is een delicatesse dat vaak met kerst wordt gegeten.

**Rabbit** is a delicacy that many people eat at Christmas.

**2777. Versta – Understand**

Kun je me nogmaals bellen? Want ik **versta** je niet.

Can you call me again? Because I don't **understand** you.

**2778. Woensdag – Wednesday**

**Woensdag** is de derde dag van de week.

**Wednesday** is the third day of the week.

**2779. Samenwerken – Collaborate**

We gaan **samenwerken** aan het project.

We're going to **collaborate** on the project.

**2780. Moedig – Brave**

Wat een **moedig** besluit.

What a **brave** decision.

**2781. Moeilijkheden – Trouble**

Hij komt altijd in **moeilijkheden**.

He always gets into **trouble**.

**2782. Goedemiddag – Good Afternoon**

**Goedemiddag**, mensen.

**Good afternoon**, people.

**2783. Botten – Bones**

De archeologen vonden alleen **botten**.

The archaeologists only found **bones**.

**2784. Zijde – Side**

Ik heb mijn geliefden aan mijn **zijde**.

I have my loved ones by my **side**.

**2785. Leveren – Deliver**

Zij moeten elke bestelling op tijd **leveren**.

They have to **deliver** every order on time.

**2786. Vloek – Curse**

Er rust een **vloek** op die plek.

A **curse** rests on that place.

**2787. Joch – Kid**

Dat **joch** is erg brutaal.

That **kid** is very rude.

**2788. Gras – Grass**

Het **gras** is altijd groener aan de overkant.

The **grass** is always greener on the other side.

**2789. Geschenk – Gift**

Het **geschenk** maakte indruk op de gasten.

The **gift** impressed the guests.

**2790. Zusje – Sister**
Mijn kleine **zusje** is mijn favoriete familielid.
My little **sister** is my favorite family member.

**2791. Schone – Clean**
Ik ga de **schone** was ophalen.
I'm going to pick up the **clean** laundry.

**2792. DNA – DNA**
Het zit in mijn **DNA**.
It's in my **DNA**.

**2793. Jongetje – Boy**
Het kleine **jongetje** is erg slim.
The little **boy** is very smart.

**2794. Allang – Long Ago**
Zij heeft het **allang** gedaan.
She did it **long ago** already.

**2795. Ontdekte – Discovered**
Ze **ontdekte** de fraude.
She **discovered** the fraud.

**2796. Ogenblikje – Moment**
Een **ogenblikje**, alstublieft.
One **moment**, please.

**2797. Handelen – Trading**
**Handelen** op de beurs is niet makkelijk.
**Trading** on the stock exchange is not easy.

**2798. Chinees – Chinese**
**Chinees** is een moeilijke taal.
**Chinese** is a difficult language.

**2799. Dylan – Dylan**
Bob **Dylan** is een bijzondere artiest.
Bob **Dylan** is a unique artist.

**2800. Aanwezigheid – Presence**
De **aanwezigheid** van de ambassadeur was essentieel.
The **presence** of the ambassador was essential.

**2801. Rick – Rick**
**Rick** is een ster in judo.
**Rick** is a star at judo.

**2802. Herinnering – Memory**
De **herinnering** zal altijd blijven.
The **memory** will last forever.

**2803. Edward – Edward**
**Edward** gaat kitesurfen.
**Edward** goes kitesurfing.

**2804. Doof – Deaf**
**Doof** zijn is niet makkelijk.
Being **deaf** is not easy.

**2805. Brigadier – Sergeant**
Hij is al drie jaar **brigadier**.
He has been a **sergeant** now for three years.

**2806. Bekende – Well Known**
Hij is een **bekende** in zijn woonplaats.
He is **well known** in his town.

**2807. Schouder – Shoulder**
Een overbelaste **schouder** komt steeds vaker voor.
A frozen **shoulder** happens more and more often.

**2808. Dean – Dean**

James **Dean** was een gevierd acteur.

James **Dean** was a celebrated actor.

**2809. Koe – Cow**

Een Nederlandse **koe** produceert goede melk.

A Dutch **cow** produces good milk.

**2810. Beroemde – Famous**

Er wonen veel **beroemde** mensen in Beverly Hills.

Many **famous** people live in Beverly Hills.

**2811. Vet – Fat**

Het is onbeleefd om iemand **vet** te noemen.

It's rude to call someone **fat**.

**2812. Trappen – Stairs**

Er zijn drie **trappen** in dit huis.

There are three **stairs** in this house.

**2813. Russen – Russians**

Veel **Russen** wonen in Moskou.

Many **Russians** live in Moscow.

**2814. Overeenkomst – Agreement**

De **overeenkomst** is ondertekend.

The **agreement** is signed.

**2815. Trainen – Training**

Thuis **trainen** scheelt veel tijd.

**Training** at home saves a lot of time.

**2816. Spion – Spy**

Een **spion** werkt vaak in de nacht.

A **spy** often works at night.

**2817. Resultaat – Result**

Het **resultaat** is niet verrassend.

The **result** is not surprising.

**2818. Beet – Bite**

Een **beet** van die slang is dodelijk.

A **bite** from that snake is deadly.

**2819. Vliegtuigen – Airplanes**

**Vliegtuigen** van Boeing vind ik de mooiste.

I like **airplanes** from Boeing the most.

**2820. Trouwt – Marries**

Valeria **trouwt** voor de tweede keer.

Valeria **marries** for the second time.

**2821. Starten – Start**

Zij gaat als eerste **starten**.

She will **start** first.

**2822. Praatte – Talked**

Rob **praatte** de hele nacht met me.

Rob **talked** to me all night.

**2823. Patrick – Patrick**

**Patrick** Kluivert was een goede spits.

**Patrick** Kluivert was a good striker.

**2824. Jongedame – Young Lady**

Wat een beschaafde **jongedame**.

What a polite **young lady**.

**2825. Steekt – Stabs**

Hij **steekt** iemand neer.

He **stabs** someone.

**2826. Riep – Called**

Ik **riep** hem van ver.

I **called** him from afar.

**2827. Realiteit – Reality**

De **realiteit** is compleet anders.

The **reality** is completely different.

**2828. Bommen – Bombs**

De **bommen** zijn onschadelijk gemaakt.

The **bombs** have been defused.

**2829. Steunen – Support**

We **steunen** veel goede doelen.

We **support** lots of charities.

**2830. Snelle – Fast**

Hij rijdt in een **snelle** auto.

He drives a **fast** car.

**2831. Paspoort – Passport**

Een Nederlands **paspoort** is tien jaar geldig.

A Dutch **passport** is valid for ten years.

**2832. Seksuele – Sexual**

Het model heeft een erg **seksuele** uitstraling.

The model has a very **sexual** appearance.

**2833. Opgegeven – Quit**

Ze heeft vlak voor de finish **opgegeven**.

She **quit** right before the finish line.

**2834. Lust – Desire**

Jonge mensen hebben veel **lust**.

Young people have a lot of **desire**.

**2835. Overkant – Other Side**

Het is stil aan de **overkant**.

It's quiet on the **other side**.

**2836. Grazen – Graze**

De koeien **grazen** in het gras.

The cows **graze** in the grass.

**2837. Gelegd – Laid**

De straat is in drie dagen **gelegd**.

The street was **laid** down in three days.

**2838. Snelweg – Highway**

De Trans-Canada Highway is de langste **snelweg** in het land.

The Trans-Canada Highway is the longest **highway** in the country.

**2839. High – High**

Veel toeristen worden **high** in Amsterdam.

Many tourists get **high** in Amsterdam.

**2840. Dossiers – Files**

De **dossiers** zijn kwijtgeraakt.

The **files** got lost.

**2841. Levert – Delivers**

Hij **levert** dagelijks boodschappen aan huis.

He **delivers** groceries at home every day.

**2842. Eeuwige – Eternal**

Ik word moe van het **eeuwige** wachten.

I'm tired of the **eternal** wait.

**2843. Waag – Dare**
Waag het niet!
Don't you dare!

**2844. Koekjes – Cookies**
Ik bak zelf koekjes.
I bake my own cookies.

**2845. Concentreren – Concentrate**
Het is moeilijk concentreren met al het geluid.
It's hard to concentrate with all the noise.

**2846. Kalmeer – Calm Down**
Zorg dat ik kalmeer.
Make me calm down.

**2847. Slaven – Slaves**
Gelukkig zijn er geen slaven meer.
Luckily there are no more slaves.

**2848. Titel – Title**
De titel is erg aangrijpend.
The title is very appealing.

**2849. Tevoorschijn – Emerged**
Hij kwam uit het niets tevoorschijn.
He emerged out of nowhere.

**2850. Rende – Ran**
Ik rende tien kilometer.
I ran ten kilometers.

**2851. Kim – Kim**
Kim weet het altijd beter.
Kim always knows better.

**2852. Blanken – Whites**

Er wonen daar veel **blanken**.

Many **whites** live there.

**2853. Ongelukkig – Unhappy**

Beiden zijn **ongelukkig** in hun huwelijk.

Both are **unhappy** in their marriage.

**2854. Magische – Magical**

Wat een **magische** avond.

What a **magical** night.

**2855. Heerlijke – Lovely**

Wat een **heerlijke** zomerse dag.

What a **lovely** summer day.

**2856. Louis – Louis**

De naam van de leraar is **Louis**.

The name of the teacher is **Louis**.

**2857. Biedt – Offers**

Hij **biedt** een lage prijs.

He **offers** a low price.

**2858. Ondertussen – Meanwhile**

Ik ben **ondertussen** nog steeds niet geslaagd.

**Meanwhile**, I still didn't pass.

**2859. Indrukwekkend – Impressive**

Hij heeft een **indrukwekkend** CV.

He has an **impressive** résumé.

**2860. Hoogste – Highest**

In IJsselstein staat de **hoogste** kerstboom van Europa.

The **highest** Christmas tree in Europe is located in IJsselstein.

**2861. Hete – Hot**

Juli is een **hete** maand.

July is a **hot** month.

**2862. Echter – However**

**Echter**, zijn deze beoordelingen onafhankelijk.

**However**, these reviews are independent.

**2863. Opgegroeid – Grew Up**

Wij zijn samen **opgegroeid**.

We **grew up** together.

**2864. Leuker – More Fun**

Het is **leuker** om samen te werken.

It's **more fun** to work together.

**2865. Jones – Jones**

**Jones** is een veel voorkomende familienaam.

**Jones** is a really common family name.

**2866. Vietnam – Vietnam**

**Vietnam** wordt steeds populairder bij reizigers.

**Vietnam** is getting more and more popular with travelers.

**2867. Nep – Fake**

Deze producten zijn allemaal **nep**.

The products are all **fake**.

**2868. Expert – Expert**

Hij is een **expert** in ontwerpen.

He's an **expert** in design.

**2869. Cadeautje – Present**

Wat een leuk **cadeautje**.

What a lovely **present**.

**2870. Wetten – Laws**

De **wetten** blijven veranderen.

The **laws** keep changing.

**2871. Volgde – Followed**

Ik **volgde** hem al jaren.

I already **followed** him for years.

**2872. Katie – Katie**

**Katie** Holmes is een beroemde actrice.

**Katie** Holmes is a famous actress.

**2873. Hebbes – Got You**

Eindelijk, **hebbes**!

Finally, **got you**!

**2874. Geruchten – Rumors**

De **geruchten** zijn hardnekkig.

The **rumors** are persistent.

**2875. Gemak – Ease**

Zij wint met **gemak**.

She wins with **ease**.

**2876. Naaien – Sewing**

**Naaien** is een goed tijdverdrijf.

**Sewing** is a good pastime.

**2877. Gewoonlijk – Usual**

Zoals **gewoonlijk** ging ik vrijdagavond uit eten.

As **usual**, I went out for dinner on Friday night.

**2878. Opleiding – Education**

Een goeie **opleiding** is belangrijk voor ons.

A good **education** is important to us.

**2879. Waanzin – Madness**

Het weekend in Las Vegas was complete **waanzin**.

The weekend in Las Vegas was complete **madness**.

**2880. Staart – Tail**

De kat heeft een lange **staart**.

The cat has a long **tail**.

**2881. Vroegen – Asked**

Ze **vroegen** de omstanders om een verklaring.

They **asked** the spectators for a statement.

**2882. Bagage – Luggage**

Mijn **bagage** was kwijtgeraakt op Miami International Airport.

My **luggage** got lost at Miami International Airport.

**2883. Voortaan – From Now On**

Ik ga **voortaan** meer ontspannen.

I will relax more **from now on**.

**2884. Vijfde – Fifth**

Het **vijfde** artikel van de grondwet.

The **fifth** article of the constitution.

**2885. Verpesten – Ruin**

Laat hem mijn verjaardag niet **verpesten**.

Don't let him **ruin** my birthday.

**2886. Attentie – Attention**

**Attentie** aan alle bezoekers.

**Attention** to all visitors.

**2887. Wanhopige – Desperate**

Wat een **wanhopige** daad.

What a **desperate** act.

**2888. Vers – Fresh**

Alle groenten zijn **vers**.

All vegetables are **fresh**.

**2889. Gezichten – Faces**

Ik zag veel verbaasde **gezichten**.

I saw many surprised **faces**.

**2890. Droomde – Dreamed**

Gisteren **droomde** hij over vliegende paarden.

Yesterday he **dreamed** of flying horses.

**2891. Verdrietig – Sad**

Die ellende maakt me erg **verdrietig**.

That misery makes me very **sad**.

**2892. Soep – Soup**

Ik eet elke dag **soep** voor lunch.

I have **soup** for lunch every day.

**2893. Gespannen – Tense**

De sfeer is **gespannen**.

The atmosphere is **tense**.

**2894. Besteld – Ordered**

De tandenborstel werd online **besteld**.

The toothbrush was **ordered** online.

**2895. Vlag – Flag**

De **vlag** hangt op 4 mei halfstok.

On May 4, the **flag** hangs at half-mast.

**2896. Veertig – Forty**

**Veertig** is het nieuwe twintig.

**Forty** is the new twenty.

**2897. Justitie – Law**

Leon heeft problemen met **justitie**.

Leon has trouble with the **law**.

**2898. Jungle – Jungle**

De Mexicaanse **jungle** is prachtig.

The Mexican **jungle** is beautiful.

**2899. Zekerheid – Security**

Financiële **zekerheid** is fijn.

Financial **security** is nice.

**2900. Verontschuldigen – Apologize**

Ik wil mij voor het incident **verontschuldigen**.

I want to **apologize** for the incident.

**2901. Telkens – Every Time**

Zij komt **telkens** met de fiets.

She travels by bicycle **every time**.

**2902. Slechter – Worse**

Na die griep, voelde zij zich steeds **slechter**.

After that flu, she continued to feel **worse**.

**2903. Jamie – Jamie**

**Jamie** verzamelt postzegels.

**Jamie** collects stamps.

**2904. Slaaf – Slave**

Hij werkt als een **slaaf**.

He works like a **slave**.

**2905. Leit – Lead**

**Leid** de weg.

**Lead** the way.

**2906. Meende – Meant**

Ik **meende** alles wat ik zei.

I **meant** everything I said.

**2907. Dwingen – Force**

Je kunt me niet **dwingen**.

You can't **force** me.

**2908. Donna – Donna**

**Donna** werkt als barista.

**Donna** works as a barista.

**2909. Stak – Reached Out**

Zij **stak** haar hand uit.

She **reached out** her hand.

**2910. NS – NS**

De **NS** regelt het passagiersvervoer over de spoorwegen in Nederland.

The **NS** takes care of the passenger railway traffic in the Netherlands.

**2911. Molly – Molly**
**Molly** is gestopt met de middelbare school.
**Molly** dropped out of high school.

**2912. Crimineel – Criminal**
Hij heeft een **crimineel** verleden.
He has a **criminal** past.

**2913. Boston – Boston**
Ik kijk graag naar de **Boston** Red Sox.
I like watching the **Boston** Red Sox.

**2914. Blazen – Blowing**
De wind was hard aan het **blazen**.
The wind was **blowing** hard.

**2915. Verbaasd – Surprised**
Jada was **verbaasd** door alle aandacht.
Jada was **surprised** by all the attention.

**2916. Speelgoed – Toy**
Het **speelgoed** is alleen voor kleine kinderen.
The **toys** are only for little kids.

**2917. Weglopen – Run Away**
Karin wil van huis **weglopen**.
Karin wants to **run away** from home.

**2918. Nul – Zero**
Ik heb **nul** vertrouwen.
I have **zero** confidence.

**2919. Ingewikkeld – Complicated**
De relatie is **ingewikkeld**.
The relationship is **complicated**.

**2920. Herstellen – Recover**

Zij moet **herstellen** van de blessure.

She has to **recover** from the injury.

**2921. Groots – Grand**

Iedereen kreeg een **groots** onthaal na de missie.

Everyone received a **grand** welcome after the mission.

**2922. Diana – Diana**

Prinses **Diana** was erg populair.

Princess **Diana** was very popular.

**2923. Apparaat – Device**

Een mobiel **apparaat** is makkelijk te gebruiken.

A mobile **device** is easy to use.

**2924. Uitnodiging – Invitation**

De **uitnodiging** kwam per post.

The **invitation** came via the mail.

**2925. Meegebracht – Brought**

Ik heb snoep **meegebracht**.

I **brought** candy.

**2926. Gevolgen – Effects**

De **gevolgen** van de aardbeving zijn catastrofaal.

The **effects** of the earthquake are catastrophic.

**2927. Aangeraakt – Touched**

Ik heb alle meubels **aangeraakt**.

I **touched** all the furniture.

**2928. Uitgaan – Going Out**

Ik denk dat we **uitgaan** naar een café.

I think we are **going out** to a bar.

**2929. Ratten – Rats**
Er zitten veel **ratten** in het riool.
There are lots of **rats** in the sewer.

**2930. Hoofdpijn – Headache**
Marieke heeft **hoofdpijn**.
Marieke has a **headache**.

**2931. Golf – Golf**
**Golf** spelen is mijn favoriete bezigheid.
Playing **golf** is my favorite activity.

**2932. Betaalde – Paid**
Ik **betaalde** elke maand huur.
I **paid** rent every month.

**2933. Triest – Sad**
Wat een **triest** verhaal.
What a **sad** story.

**2934. Simpele – Simple**
Ze hebben vaak **simpele** lessen.
They often have **simple** classes.

**2935. Illegaal – Illegal**
Zijn werk is **illegaal**.
His work is **illegal**.

**2936. Krankzinnig – Insane**
Dat gevecht was **krankzinnig**!
That fight was **insane**!

**2937. Halt – Stop**
**Halt**, politie!
**Stop**, police!

### 2938. Beleefd – Polite
**Beleefd** zijn is gratis.
Being **polite** is free.

### 2939. April – April
Op 1 **april**, mag je mensen voor de gek houden.
On **April** 1, you're allowed to fool people.

### 2940. Partners – Partners
Ze zijn **partners** op het advocatenkantoor.
They are **partners** at the law firm.

### 2941. Aanwijzingen – Directions
De **aanwijzingen** kloppen niet.
The **directions** are not right.

### 2942. Vaste – Fixed
Hij betaalt een **vaste** rente.
He pays a **fixed** interest rate.

### 2943. Grot – Cave
De **grot** in Costa Rica was adembenemend.
The **cave** in Costa Rica was breathtaking.

### 2944. Flinke – Solid
Hij heeft een **flinke** basis.
He has a **solid** basis.

### 2945. Vleugels – Wings
Spreid je **vleugels** uit.
Spread your **wings**.

### 2946. Geopend – Opened
De winkels zijn gisteren **geopend**.
The stores **opened** yesterday.

**2947. Bedreiging – Threat**

De ziekte vormt een serieuze **bedreiging**.

The disease forms a serious **threat**.

**2948. Terroristen – Terrorists** * *

**Terroristen** zijn erg gevaarlijk.

**Terrorists** are very dangerous.

**2949. Plassen – Puddles**

De **plassen** liggen overal.

The **puddles** are everywhere.

**2950. Applaus – Applause**

Het **applaus** van het publiek was fantastisch.

The **applause** of the audience was fantastic.

**2951. Varen – Sailing**

We **varen** graag op de Vinkeveense Plassen.

We like **sailing** on the Vinkeveense Plassen.

**2952. Stemming – Mood**

Ik ben niet in de **stemming**.

I'm not in the **mood**.

**2953. Busje – Van**

Een Volkswagen **busje** is ideaal voor backpackers.

A Volkswagen **van** is perfect for backpackers.

**2954. Betrapt – Caught**

Hij werd op heterdaad **betrapt**.

He was **caught** red-handed.

**2955. Anne – Anne**

Ik neem **Anne** mee naar de film.

I will take **Anne** to the movies.

**2956. Snij – Cut**

**Snij** jij de wortelen?

Will you **cut** the carrots?

**2957. Momenten – Moments**

Mooie **momenten** moeten we delen.

We have to share nice **moments**.

**2958. Jackie – Jackie**

Waar heeft **Jackie** het over?

What is **Jackie** talking about?

**2959. Bezet – Occupied**

De badkamer is **bezet**.

The bathroom is **occupied**.

**2960. Verdachten – Suspects**

Alle **verdachten** werden ingerekend.

All **suspects** were arrested.

**2961. Overheen – Over it**

Ik kom er nooit meer **overheen**.

I will never get **over it**.

**2962. Maal – Times**

Drie **maal** vier is twaalf.

Three **times** four is twelve.

**2963. Gewicht – Weight**

Hij is zijn **gewicht** in goud waard.

He is worth his **weight** in gold.

**2964. Explosie – Explosion**

De **explosie** was schokkend.

The **explosion** was shocking.

**2965. Verplaatsen – Move**
We **verplaatsen** de aanhanger.
We will **move** the trailer.

**2966. Proeven – Taste**
Wil je het brood **proeven**?
Would you like to **taste** the bread?

**2967. Beantwoorden – Answer**
Ik moet het nu **beantwoorden**.
I have to **answer** it right now.

**2968. Centrale – Power Station**
Er is storing in de **centrale**.
There is an outage at the **power station**.

**2969. Karakter – Character**
Zij heeft een wispelturig **karakter**.
She has a capricious **character**.

**2970. Vrachtwagen – Truck**
De **vrachtwagen** zat vol met verboden middelen.
The **truck** was full of forbidden substances.

**2971. Tape – Tape**
De **tape** heeft gevoelige informatie.
The **tape** has sensitive information.

**2972. Internet – Internet**
Mijn **internet** is erg snel.
My **internet** is really fast.

**2973. Aantrekkelijke – Attractive**
Het klinkt als een **aantrekkelijke** optie.
It sounds like an **attractive** option.

**2974. Lagen – Layers**

De beveiliging heeft verschillende **lagen**.

The security has different **layers**.

**2975. Student – Student**

Als **student**, heb je meestal weinig geld.

As a **student**, you usually don't have much money.

**2976. Lokale – Local**

**Lokale** ondernemingen zijn het hart van de gemeenschap.

**Local** businesses are the heart of the community.

**2977. Jarig – Birthday**

Mijn zus is morgen **jarig**.

It's my sister's **birthday** tomorrow.

**2978. Clark – Clark**

Alain **Clark** zingt prachtige nummers.

Alain **Clark** sings beautiful songs.

**2979. Oosten – East**

Ik ga in het **Oosten** studeren.

I will go study in the **East**.

**2980. Kwart – Quarter**

Het laatste **kwart** was een echte thriller.

The last **quarter** was a real thriller.

**2981. Goeiemorgen – Good Morning**

**Goeiemorgen**, zal ik ontbijt maken?

**Good morning**, shall I make breakfast?

**2982. Beweeg – Move**

**Beweeg** het pijltje.

**Move** the cursor.

**2983. Afhandelen – Handle**
Kun jij dit **afhandelen**?
Can you **handle** this?

**2984. Studio – Studio**
We huren de **studio** twee dagen.
We are renting the **studio** for two days.

**2985. Spanje – Spain**
Valencia is mijn favoriete stad in **Spanje**.
Valencia is my favorite city in **Spain**.

**2986. Lawaai – Noise**
Het **lawaai** wordt steeds erger.
The **noise** keeps getting worse.

**2987. Haven – Harbor**
De **haven** ligt vol boten.
The **harbor** is full of boats.

**2988. Dubbel – Double**
Met twee, zijn we **dubbel** zo sterk.
With two, we will **double** our strength.

**2989. Onlangs – Recently**
Ik zag hem **onlangs** op straat.
I **recently** saw him on the street.

**2990. Bijt – Bite**
**Bijt** in de appel.
**Bite** in the apple.

**2991. Baby's – Babies**
De **baby's** werden tegelijk geboren.
The **babies** were born at the same time.

**2992. Aanslag – Attack**

De **aanslag** is mislukt.

The **attack** has failed.

**2993. Verwijderd – Removed**

Ik heb hem van mijn website **verwijderd**.

I **removed** him from my website.

**2994. Revolutie – Revolution**

De **revolutie** gaat beginnen.

The **revolution** is about to begin.

**2995. Draak – Dragon**

De **draak** is een belangrijk symbool in China.

The **dragon** is an important symbol in China.

**2996. Café – Bar**

Het **café** zit stampvol.

The **bar** is packed.

**2997. Besefte – Realized**

Ik **besefte** het later pas.

I only **realized** it later.

**2998. Gedraagt – Behaves**

Hij **gedraagt** zich onzeker.

He **behaves** insecure.

**2999. Overgeven – Surrender**

Iedereen moest zich **overgeven**.

Everyone had to **surrender**.

**3000. Dagboek – Diary**

Het **dagboek** van mijn zus staat vol geheimen.

The **diary** of my sister is full of secrets.

**3001. Oudere – Older**

Er zijn goede voorzieningen voor **oudere** mensen.

There are good facilities for **older** people.

# Conclusion

Congratulations! You now know over 3,000 Dutch words in context. You probably learned many new things, and as mentioned in the introduction, there are lots of similarities between Dutch and English. Hopefully, this has helped you to connect some dots and figure out a thing or two about how Dutch works.

As well as common Dutch words, you also learned the names of people, cities, sights, museums, and other things. So, it is not just the Dutch language that's fascinating, but the culture, too!

This book should have helped achieve your goal of getting a better understanding of Dutch. Learning a new language is far from easy. However, if all the words and sentences in this guide made you feel like you were starting to understand what Dutch is all about, then you are well on your way to learning the language in full.

There is always a lot more to learn. Having a solid foundation, like over 3,000 Dutch words in context, will definitely help you with that, as understanding the basics is the perfect stepping stone to increase your knowledge in other areas.

If you enjoyed learning the 3,000 Dutch words in context, feel free to check out any other titles from the series for even more amazing language vocabulary learning experiences.

**Tot ziens en bedankt! (Goodbye and thank you!)**

Here's another book by Koen Noltus that you might be interested in